문화문고 021

무경칠서武經七書

손자병법 孫子兵法
오자병법 吳子兵法

성백효 역

傳統文化研究會

문화문고 무경칠서
손자병법 · 오자병법

2016년 03월 15일 초판 발행
2025년 09월 30일 초판 3쇄

편 역 성백효
편 집 남현희
교 정 박상수 하정원
출 판 김주현
관 리 함명숙
보 급 서원영

발행인 김 현
발행처 (사)전통문화연구회
서울 종로구 삼봉로 81 두산위브파빌리온 1332호
전화 : 02-762-8401 전송 : 02-747-0083
사이버書堂 : cyberseodang.or.kr
온라인서점 : book.cyberseodang.or.kr
전자우편 : juntong@juntong.or.kr
등 록 : 1989. 7. 3. 제1-936호
총 판 : 한국출판협동조합(070-7119-1750)

ISBN 979-11-5794-088-2 04150
978-89-91720-76-3(세트)

정가 13,000원

간행사

본회는 한국고전의 연구와 번역의 선결과제先決課題로, 동양고전의 협동연구번역과 on-off 라인을 통한 교육을 해온 지 20여 년이 되었다. 이는 우리의 역사歷史와 문화文化를 깊이 이해하기 위하여 동양의 역사와 문화를 총체적으로 조명하여야 한다는 취지에서이다.

그런데 동서양 고전에 대해서 그 중요성은 인정하고 있지만, 특히 한국과 동양의 한문고전은 지식인이나 일반인은 물론 전문가조차 해독하기 어려워 일본이나 중국의 번역본을 중역하는 상황이었고, 동양고전은 현대화가 늦어져 이제야 본격적인 작업을 하고 있다.

오늘날 각계의 교류가 긴밀히 이루어지면서 세계가 하나로 되는 상황에 이르러, 우리 국민의 역사·문화 의식이 한국에서 동양으로, 또 세계로 지향해야 하는 시급한 시대가 다가왔다.

그러나 세계로의 지향이 서구화의 다른 이름이고 우리로서는 허상일 수 있음을 주의해야겠지만, 우리와 동양의 자주성과 자존의 아집도 경계하여 새로운 그 무엇을 그려내야 할 것이다. 이를 위해서는 일차적으로 한韓·중中·일日이 삼국양립三國兩立에서 발전하여 삼국정립三國鼎立을 이룸으로써, 치욕의 역사에서 벗어나 안정과 발전의 기반을 마련해야 할 것이다.

본회는 이러한 상황에서 1차적인 준비로 '동양문화총서'를 몇 권 간행한 바 있으나, 이 계획의 충실을 기하기 위해서는 한 손에는 연구, 다른 한 손에는 보급이라는 과제를 좀 더 확실히 해결하지 않으면 안 된다. 이러한 문화 보급의 취지에서 앞으로 국민의 전체적인 수준 향상을 위하여 '사서四書'의 문고화를 시작으로, 우리와 동양에서부터 서양의 고전과 인물과 문화에 관한 '문화문고' 간행의 출발점으로 삼고자 하는 것이다.

대체로 문고는 연구서에 비하면 2차적 작품이므로, 해석과 주석 등을 본문에 녹여서 중등학생 수준의 독자가 읽어서 이해되도록 하려고 한다. 그러나 특수한 분야나 전문적인 것도 필요한 것이다. 또한 시대에 부응하여 편리하며 염가로 읽힐 수 있는 '전자출판'도 겸행할 예정이다.

구미歐美의 유명한 문고본이 끼친 세계 문화적 영향이나, 이웃 일본의 교양과 지식이 이와나미문고岩波文庫에서 나왔다는 사실을 기억해야겠다. 우리나라의 문고본은 그간 부침浮沈이 있었으나, 여러 분의 서가에도 상당수 있듯이 그 공헌은 인정하지 않을 수 없다.

앞으로 우리는 동양고전의 번역 및 교육사업과 함께 통섭적統攝的 방법으로, 국가경쟁력을 키우고 문예부흥을 개막하는 계획의 꿈도 이루기 위하여 지혜를 모아 헌신할 것을 다짐하며, 이에 각계의 관심과 지원을 기대한다.

전통문화연구회 회장 이계황

이 책에 대하여

《손자》와 《오자》는 함께 '손오孫吳'라고 병칭될 정도로 병가兵家의 쌍벽을 이루었으며, 무장武將들의 필독서로 자리매김해왔다.

《한비자韓非子》 〈오두五蠹〉편에는 "온 나라 사람들이 모두 병兵에 대해 떠들어대어 집집마다 모두 손자孫子와 오자吳子의 책들을 가지고 있다."라는 이야기가 소개되어 있다. 이는 전국시대에 이 두 책이 이미 병서의 대명사가 되어 널리 유포되어 있었다는 사실을 반증反證한다.

《손자》는 약 2,500년 전 출현한 이후, 동아시아 지역에서 용병술用兵術이라는 군사학 분야뿐 아니라, 국가의 통치와 관계된 모든 전략전술의 교과서와 같은 역할을 하였다. 또 그 영향력은 현재까지도 다방면으로 이어져, 동아시아에서 중국 고전으로서 《논어論語》 다음으로 많은 번역과 연구서가 출판되고 있는 실정이다.

손무孫武

《손자》는 단순한 병법서

兵法書가 아니라 당시 제자백가諸子百家 사상의 정수를 집대성한 통치서統治書 내지 철학서哲學書로서 인문학적인 성격을 매우 풍부하게 갖고 있다. 특히 도가道家와 법가法家, 유가儒家 사상思想을 아우르면서도 적敵을 설정하고 이길 수 있는 구체적인 전략을 간명하게 기술하였다는 점에서, 현대의 사회구조와 인간관계에 바로 대입하여 적용할 수 있다는 놀라운 면을 갖고 있다. 이 때문에 가장 현대적 분야인 경영전략이나 정치, 사회심리 분야에서까지 끊임없이 시각을 달리하여 조명하고 해석하는 대상이 되고 있는 것이다.

《손자》의 고전적 가치는, 실전實戰의 체험에서 나온 뛰어난 병서兵書이지만, 그 내용이 전투에 쓰이는 병법과 전술에만 한정된 것이 아니라, 인간과 세상에 대한 넓은 시야를 갖춘 사상적 바탕을 갖고 있다는 것이다. 따라서 병서라는 특수한 분야임에도 불구하고 각 분야에서 사랑받는 고전으로서의 보편성을 지녀 동서고금을 막론하고 끊임없이 여러 가지 모습으로 재발견되고 있다.

우리나라에서도 300여 종이 넘는 관련 서적이 출간되었는데, 그 분야도 군사·인문·정치·역사 분야뿐 아니라, 자기계발·경영·문학·어린이 도서에 이르기까지 광범위하게 퍼져 있다.

《오자吳子》는 전국시대 위魏나라 장수 오기吳起(미상~B.C. 381)가 지은 병서이다. 《오자》 또는 《오기병법吳起兵法》·《오자병서吳子兵書》 등으로 불리기도 했다.

《손자》가 전쟁에 대한 개론서라 할 만큼 원칙적인 전략을 중시한 반면, 《오자》는 실제 전투에서 승리를 거둘 수 있는 전술적인 방법론을 세세하게 적시하여 실용에 뛰어난 효과를 보였다. 따라서 《손자》가 통치자의 병서라고 한다면, 《오자》는 장수의 병서라고 할 수 있다.

오기吳起

《오자》는 모두 3권 6편의 5,000자도 되지 않는 짧은 내용으로 구성되어 있다. 앞에서 말한 바와 같이 《손자》가 병가兵家에 대한 개념과 치국治國에서 병兵의 역할 등, 보다 큰 그림을 펼친 데 비해, 《오자》는 실제 병력을 운용하는 데 필요한 실용서로 평가되고 있다. 하지만 유가사상을 바탕으로 한 치국과 병가의 기초적인 관념도 갖추고 있었기에, 《손자》 다음가는 병법서로 일찍부터 애독되고 중시되어 온 것이다.

그동안 수많은 《손자병법》, 《오자병법》이 나왔지만 무리하게 경영술이나 처세술과 연관시켜 해석하여 흥미를 유발하기는 하되, 《손자》와 《오자》 자체의 내용을 이해하는 데에는 오히려 방해가 되었다.

이 문고판 《손자·오자》는 조선시대에 많이 읽혔던 직해본直解本을 바탕으로 일반대중이 편하게 읽을 수 있도록 문장을 가다듬고 용어를 쉽게 풀이하여, 우리 선조가 만났던 《손자병법》과 《오자병법》 본래의 모습을 음미해볼 수 있는 기회가 될 것이다.

또한 이 문고판 '무경칠서' 시리즈를 통해 전쟁 같은 일상을 살아가는 현대인들이 동양 고대 병법에 담긴 사상과 전략을 이해하여 자기계발의 자양분으로 삼을 수 있기를 기대해본다.

일러두기

1. 본서는 동서양東西洋의 중요한 고전古典, 인물人物, 문화文化에 관한 모든 국민의 교양도서로, 미래 한국의 양식良識 기반을 구축하기 위한 문화문고文化文庫이다.
2. 본서는 본회에서 간행한 동양고전역주총서東洋古典譯註叢書의 무경칠서직해武經七書直解 중 《역주譯註 손무자직해孫武子直解》와 《역주譯註 오자직해吳子直解》의 경문經文 내용을 중등학생 정도면 쉽게 이해할 수 있도록 번역하였다.
3. 인물과 이 책의 성립배경에 대한 이해를 돕기 위하여 권말卷末에 《사기史記》 〈손자오기열전孫子吳起列傳〉을 수록하였고, 또 《손자병법》 중에서 현대인들의 자기계발에 유용한 어구나 문장을 선별하여 원문과 함께 부록으로 제시하였다.
4. 이해가 어려운 부분은 가급적 의역意譯 또는 보충역을 함으로써 주석註釋은 최소화하였다. 간단한 주석은 ( ) 안에 달았다.
5. 편명篇名은 원문을 풀어서 현대성을 구현하는 데 노력하였다.
6. 중국 고대 병장기兵仗器와 등장인물 관련 도판圖版 자료를 함께 수록하여 내용 이해를 도왔다.

7. 이 책의 속표지에 사용된 그림은 다음과 같다.
《손자병법》:《무예도보통지武藝圖譜通志》 소재 기창보騎槍譜 제4식第四式 '왼손과 오른손을 바꿔 잡고 우측 전방을 찌르는 자세〔換執左右手 作右前一刺勢〕'
《오자병법》:《무예도보통지》 소재 기창보 제1식第一式 '신월新月이 하늘로 오르는 자세〔新月上天勢〕'
부록:《무예도보통지》 소재 기창보 제5식第五式 '왼손과 오른손을 바꿔 잡고 좌측 후방을 찌르는 자세〔換執左右手 作左後一刺勢〕'
8. 고유명사 및 주요 어휘는 독자의 이해를 돕기 위하여 한자漢字를 병기하였다.
9. 본서에 사용된 주요 부호符號는 다음과 같다.
   " ": 대화, 인용
   ' ': 재인용, 강조
   ( ): 간단한 주석註釋
   《 》: 서명書名
   〈 〉: 편장명篇章名, 작품명作品名
   〔 〕: 관용구慣用句, 보충 원문原文

목 차

오자병법吳子兵法

부록

손자병법
孫子兵法

제1편 국방 계획〔始計〕

무릇 군대를 일으키고 병력을 동원하려면 군주와 정승이 함께 조정에서 큰 계책을 세워 피아彼我의 실정을 비교하고 헤아려서 승리할 만한 점을 발견하여야 비로소 군대를 일으킬 수 있다. 그러므로 싸우지 않을지언정 싸우면 반드시 승리하는 것이니, 그 방법은 다섯 가지 일과 일곱 가지 계책이다. 계책을 세워 얻어진 승산이 많고 적음에 따라 승부를 알 수 있다. 그러므로 〈국방 계획〔始計〕〉을 맨 앞에 놓은 것이다.

손자孫子가 말하였다.

병兵(전쟁)이란 국가의 중대한 일이다. 죽고 사는 것이 달려 있는 자리이며 나라가 보존되고 멸망하는 갈림길이니, 살피지 않으면 안 된다.

그러므로 다섯 가지 일로써 다스리고 계책으로써 비교하여 승부의 실정을 찾아야 하는 것이다.

첫 번째는 도道요, 두 번째는 천시天時요, 세 번째는 지리地利요, 네 번째는 장수將帥요, 다섯 번째는 법령法令(제도와 호령)이다.

도는 백성(병사)들로 하여금 윗사람과 뜻을 같이하여 생사를 함께하면서 위태로움을 두려워하지 않게 하는 것이다. 천시는 음陰과 양陽, 추위와 더위를 때에 따라 조절하는 것이다. 지리는 거리의 멀고 가까움과 지형의 험하고 평탄함과 넓고 좁음과 죽고 사는 지역이다. 장수는 지혜와 신의와 인자함과 용맹함과 엄격함이다. 법령은 부대에는 각기 엄격한 통제가 있고 모든 장졸將卒이 각기 자기 도리를 따르고 군수물자를 전담하여 주관하는 자가 있음을 이른다.

무릇 이 다섯 가지는 듣지 못한 장수가 없지만, 이것을 아는 자는 이기고 모르는 자는 진다. 그러므로 계략으로써 비교하여 그 실정을 찾는 것이다.

군주는 누가 더 도道가 있으며, 장수는 누가 더 재능이 있으며, 누가 천시天時와 지리地利를 얻었으며, 누가 법령을 더 잘 행하며, 병력은 누가 더 강하며, 병졸은 누가 더 훈련되었으며, 상과 벌은 누가 더 분명한가를 비교하니, 나는 이를 통해 승부를 안다.

장수가 나(군주)의 계책을 잘 따라서, 그를 임용하면 반드시 승리할 것으로 판단되는 경우에는 머물러 있게 하고, 장수가 나의 계책을 따르지 않아서 그를 임용하면 반드시 실패할 것으로 판단되는 경우에는 제거해야 한다.

우리에게 이롭고 장수가 또 나를 믿고 따를 것이라고 판단되면, 세勢를 만들어 그 밖을 도와야 한다. 세라는 것은 이로움을 따라 권변權變(임기응변)을 만드는 것이다.

병兵(전쟁)이라는 것은 적을 속이는 방도이다. 그러므로 능하면 능하지 못한 것처럼 보이고 유능한 사람을 등용하면 등용하지 않는 것처럼 보이며, 가까이하려 하면 멀리할 것처럼 보이고, 멀리하려 하면 가까이할 것처럼 보이며, 이익으로 적을 유인하고 적을 혼란하게 만들어 취하며, 적이 견실하면 대비하고 적이 강하면 피하며, 적장을 노하게 하여 흔들리게 하고 말을 낮추어 적장이 교만하게 하며, 적이 편안하면 수고롭게 하고 적이 상하 간에 친하면 이간질하며, 적이 대비하지 않는 곳을 공격하고 적이 예상하지 못한 곳으로 출동해야 한다. 이는 병가兵家의 승리하는 방도이니, 미리 누설해서는 안 된다.

싸우기 전에 조정에서 미리 이길 것으로 계산되는 경우는 승산이 많은 것이요, 싸우기 전에 조정에서 미리 질 것으로 계산되는 경우는 승산이 적은 것이다. 승산이 많으면 이기고 승산이 적으면 지는데, 하물며 승산이 없음에랴. 이것을 가지고 관찰하면 이기고 지는 형세가 나타난다.

제2편 군사 작전〔作戰〕

비교하고 계산한 뒤에 많은 승산을 얻었으면 비로소 군대를 일으킬 수 있다. 그러나 10만의 병력이 하루에 천금千金을 소비하고 군량을 멀리 수송하느라 나라가 가난해지며 오랫동안 주둔하여 병사들의 예기銳氣가 꺾이면, 비록 적군을 격파하고 적장을 죽이는 공功을 세우더라도 다른 제후들이 일어나 피폐한 틈을 타고 공격해올 것이다. 그러므로 반드시 적에게서 양식을 취하고 속전속결을 귀하게 여긴 뒤에야 비로소 적을 이겨 더욱 강해질 수 있으니, 이른바 '이익에 부합하면 출동하고 이익에 부합하지 않으면 멈추어야 한다.'는 것이다. 그러므로 〈군사 작전〔作戰〕〉을 다음에 둔 것이다.

손자가 말하였다.

무릇 용병用兵하는 법은, 치달리는 수레 1천 대와 혁거革車(전차) 1천 대와 무장한 병사 10만 명을 운용해야 할 경우에, 천 리에 군량을 공급하면 내외로 드는 비용과 빈객賓客을 접대하는 비용과 아교와 옻칠의 재료와 수레와 갑옷의 장만에 하루에 천금을 소비하니, 그런 뒤에야 10만 명의 군대를 동원할 수 있는 것이다.

용병은 신속한 승리를 귀하게 여기니, 전쟁을 오래 끌면 병기가 무뎌지고 병사들의 예기가 꺾이며, 적의 성을 오랫동안 공격하면 힘이 쇠진해지고, 오랫동안 군대를 밖에 동원하면 국가의 재정이 부족하게 된다. 병기가 무뎌지고 병사들의 예기가 꺾이며 힘이 쇠진해지고 군비軍費가 고갈되면 제후들이 피폐한 틈을 타고 일어날 것이니, 비록 지혜로운 자가 있더라도 뒤를 잘 수습할 수 없는 것이다.

그러므로 군대는 어설픈 속전으로 이겼다는 말은 들었어도 공교한 지구전으로 이겼다는 경우는 본 적이 없으니, 군대를 오랫동안 동원하고서 국가가 이로운 경우는 있지 않았다.

그러므로 용병의 폐해를 다 알지 못하는 자는 용병의 이로움을 다 알지 못하는 것이다. 용병을 잘하는 자는 일거에 승리하기 때문에 병사를 두 번 징집하지 않고 적지에서 군량을 조달하기 때문에 군량을 세 차례 수송하지 않는다. 사용하는 기물은 본국에서 취하고 군량은 적지에서 이용하므로 군대의 식량을 충족할 수 있는 것이다.

국가가 군대로 인해 빈곤해지는 것은 군량을 멀리 수송하기 때문이니, 멀리 수송하면 백성들이 빈곤해진다. 군대와 가까이 있는 자들이 비싼 값으로 물건을 파니, 비싼 값으로 물건을 팔면 백성들의 재정이 고갈되고, 재정이 고갈되면 세금을 내는 데에 허덕이게 된다. 힘이 쇠하고 재정이 다하여 중원中原이 안으로 집이 텅 비게 되면 백성들의 소득이 10분의 7 줄게 되고, 국가의 비용은 부서진 수레와 쇠약한 말, 갑옷과 투구, 활과 화살, 창과 방패, 갈고리 창과 큰 방패, 소가 모는 큰 수레 등을 보충하고 조달하는데 10분의 6을 소비하게 된다.

그러므로 지혜로운 장수는 적지에서 양식을 취하는 데 힘쓰니, 적지에서 1종鍾(약 6석)의 양식을 취하면 우리지역에서 취한 20종에 해당하고, 적지에서 콩깍지와 볏짚 1석을 취하면 우리지역에서 취한 20석에 해당한다.

그러므로 적을 죽이는 것은 분노요, 적의 이로움을 취하는 것은 재화이다. 그러므로 전차전戰車戰에서 적의 전차 10대 이상을 얻었으면 맨 먼저 얻은 자에게 상을 주고, 적의 깃발을 바꾸어 적에게서 얻은 수레를 우리 수레와 뒤섞어서 타게 하고 포획한 병사들을 잘 길러야 하니, 이것을 일러 '적을 이기면 더욱 강해진다.'고 하는 것이다. 이 때문에 군대는 속히 싸워 승리함을 귀하게 여기고, 오랫동안 지체함을 귀하게 여기지 않는 것이다. 그러므로 병법을 아는 장수는 백성의 생명을 좌우하는 자이고 국가 안위의 주체인 것이다.

제3편 공격의 도모〔謀攻〕

병기는 흉기이고 전쟁은 위험한 일이니, 부득이한 경우에만 사용한다. 그러므로 아무리 조정에서 승산이 많다는 계산이 나오더라도 미리 수고로움과 비용을 추산하고, 군대의 위엄이 적국에 진동하더라도 혹 국내가 텅 비게 될까 우려하는 것이다. 이 때문에 여유를 가지면서 곧바로 진격하지 않는 것이니, 이는 다만 사람과 물건을 상하게 할까 두려워할 뿐만이 아니다. 반드시 계책으로 적을 공격하는 데 힘써서 노중련魯仲連(B.C. 305경~B.C. 245경)이 요성聊城을 취하고 한신韓信(미상~B.C. 196)이 연燕나라 선역을 함락시키듯이 하여 화살과 화살촉을 허비하는 폐해가 없고, 영토를 개척하고 적의 군대를 복종시키는 결과를 얻는 것, 이것이 바로 제일 좋은 일인 것이다. 그러므로 〈공격의 도모〔謀攻〕〉를 다음에 둔 것이다.

노중련魯仲連

한신韓信

손자가 말하였다.

무릇 용병하는 방법은 적의 나라를 온전하게 점령하는 것이 으뜸이 되고 적의 나라를 격파하는 것이 그 다음이 되며, 적의 군軍(12,500명)을 온전하게 거두는 것이 으뜸이 되고 적의 군을 격파하는 것이 그 다음이 되며, 적의 여旅(700명)를 온전하게 거두는 것이 으뜸이 되고 적의 여를 격파하는 것이 그 다음이 되며, 적의 졸卒(100명)을 온전하게 거두는 것이 으뜸이 되고 적의 졸을 격파하는 것이 그 다음이 되며, 적의 오伍(5명)를 온전하게 거두는 것이 으뜸이 되고 적의 오를 격파하는 것이 그 다음이 된다. 이 때문에 백 번 싸워서 백 번 승리하는 것은 잘하는 중에 가장 잘하는 것이 아니요, 싸우지 않고 적의 군대를 굴복시키는 것이 잘하는 중에 가장 잘하는 것이다.

그러므로 최상의 용병은 적의 계략을 깨뜨리는 것이고, 그 다음은 적의 외교를 이간질하는 것이고, 그 다음은 적의 군대를 공격하는 것이고, 그 다음은 적의 성을 공격하는 것이니, 성을 공격하는 방법은 부득이한 경우에만 도모한다. 큰 방패와 성을 공격하기 위한 전차를 수리하고 공성攻城 장비를 구비하는 데 3개월이 걸리며, 적의 성벽 가까이 언덕을 쌓는 일〔距堙〕도 3개월이 지나야 마칠 수 있다. 공격하는 장수가 분노를 이기지 못하여 공성 장비를 갖추지 않고 병사들을 독려해서 개미떼처럼 성을 오르게 하여 병사의 3분의 1을 잃고도 적의 성을 함락시키지 못한다면, 이는 성을 공격하는 재앙인 것이다.

그러므로 용병을 잘하는 자는 적의 군대를 굴복시키되 전쟁으로써 하지 않고, 적의 성을 함락시키되 공격으로써 하지 않고, 적의 나라를 훼손하되 오랫동안 전쟁하지 않으니, 반드시 온전함으로써 천하와 다툰다. 그러므로 병기가 무뎌지지 않고도 이로움을 온전히 할 수 있는 것이니, 이것이 '공격을 도모[謀攻]'하는 법이다.

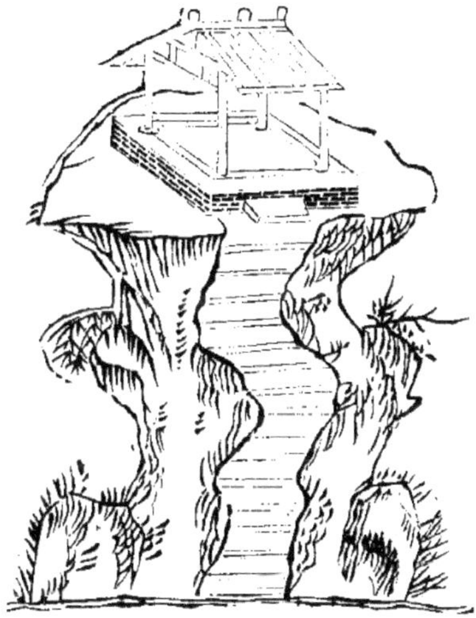
거인距堙

그러므로 용병하는 방법은 병력이 10배가 되면 적을 포위하고, 병력이 5배가 되면 적을 공격하고, 병력이 2배가 되면 병력을 둘로 나누어 번갈아 공격하고, 병력이 적과 대등하면 우리의 능한 바를 사용하여 적과 싸워야 하고, 병력이 적보다 적으면 힘써 지켜야 하고, 우리 군대의 세력이 적만 못하여 지킬 수 없다면 힘써 피하여야 한다. 그러므로 약한 군대가 굳게 지키면 강한 적에게 사로잡히게 된다.

장수는 나라의 보좌이니, 보좌가 주도면밀하면 나라는 반드시 강성해지고, 보좌가 주도면밀하지 못하고 틈이 있으면 나라는 반드시 쇠약해진다.

군주가 군대에게 폐해를 입히는 경우가 세 가지이다. 군주가, 군대가 전진하면 안 되는 줄 모르고 전진하라고 명하며, 후퇴해서는 안 되는 줄 모르고 후퇴하라고 명하는 것을 '군대를 옭아맨다.'고 한다. 군주가 삼군三軍의 일을 알지 못하면서 삼군의 정사에 참여하면 병사들이 미혹되고, 삼군의 권변權變을 알지 못하면서 삼군의 임무에 참여하면 병사들이 의심한다. 우리의 삼군이 미혹되고 의심하게 되면 제후들이 공격해올 것이니, 이것을 '아군을 혼란스럽게 만들어 적에게 승리를 안겨준다.'고 하는 것이다.

승리를 아는 방도가 다섯 가지가 있으니, 적과 싸울 수 있는지 없는지 아는 경우는 승리하고, 많은 병력과 적은 병력을 어떻게 운용해야 하는지 아는 경우는 승리하고, 윗사람과 아랫사람이 함께하고자 하는 경우는 승리하고, 대비함으로써 대비하지 않는 적을 상대하는 경우는 승리하고, 장수가 유능하며 군주가 통제하지 않는 경우는 승리한다. 이 다섯 가지는 승리를 아는 방도이다.

그러므로 옛말에 이르기를 "적을 알고 자기를 알면 백 번 싸워도 위태롭지 않으며, 적을 알지 못하고 자기만 알면 한 번 이기고 한 번 지며, 적을 알지 못하고 자기를 알지 못하면 매번 싸울 때마다 반드시 패한다."라고 한 것이다.

제4편 군대의 형세形勢〔軍形〕

최상의 용병은 적의 계책을 깨뜨리는 것이고, 그 다음은 적의 외교를 이간질하는 것이다. 만약 적이 계책을 세울 적에 미처 적의 계책을 깨뜨리지 못하고 적의 외교 또한 이미 이루어졌으면, 전쟁이 있을 뿐이다. 그러므로 앞에 있는 세 편은 모두 싸우고자 하지 않는 뜻이고, 부득이 전쟁에 이르더라도 반드시 만전을 기하여 적을 제압하여야 하고 요행으로 승리를 바라서는 안 된다는 점을 설명한 것이다.

그러므로 먼저 적이 이기지 못하노록 만들어놓은 뒤에 적에게 이길 수 있는 기회가 오기를 기다려야 하는데, 넉넉한가 부족한가를 드러내 보여서 끝내 스스로 승리를 보전해야 하니, 어찌 지혜로운 명성과 용맹한 공이 없이 그대로 돌아오기를 힘쓰겠는가. 먼저 승리할 계책을 세운 뒤에 싸우면 이에 비로소 군대의 모습을 드러내 보여 싸울 수 있다. 그러므로 〈군대의 형세〔軍形〕〉를 다음에 둔 것이다.

손자가 말하였다.

옛날에 전쟁을 잘한 자는 먼저 수비를 잘하여 적이 승리할 수 없게 만들어놓고 적에게 우리가 승리할 수 있는 틈이 생기기를 기다렸다.

전쟁은 한 번의 실수를 다투므로 철저히 대비하여 적이 승리하지 못하는 형세는 우리에게 있게 하고, 철저히 대비하지 않아 우리가 이길 수 있는 형세는 적에게 있게 하여야 한다. 그러므로 전쟁을 잘하는 자라도 적이 자기를 이길 수 없게는 할 수 있어도, 적으로 하여금 우리가 반드시 이길 수 있는 형세가 되게 만들 수는 없는 것이다. 이 때문에 "승리를 알 수는 있어도 만들 수는 없다."고 한 것이다.

승리할 수 없는 경우에는 수비하고 승리할 수 있는 경우에는 공격하여야 하니, 수비는 부족한 것처럼 보이고 공격은 여유 있는 것처럼 보인다. 수비를 잘하는 자는 구지九地(깊은 땅속)의 아래에 숨은 듯이 하고, 공격을 잘하는 자는 구천九天(높은 하늘)의 위에서 출동하듯이 한다. 그러므로 지키면 스스로 보전하고, 싸우면 온전히 승리하는 것이다.

승리할 수 있는 형세를 볼 수 있는 안목이 보통 사람보다 뛰어나지 못하면 잘하는 중에 잘하는 자가 아니요, 싸워서 승리했을 적에 천하 사람들이 잘 싸웠다고 말하면 잘하는 중에 잘하는 자가 아니다.

그러므로 깃털을 든다고 힘이 세다고는 하지 않고, 해와 달을 본다고 눈이 밝다고는 하지 않으며, 천둥소리를 들을 수 있다고 귀가 밝다고는 하지 않는다.

옛날에 이른바 '전쟁을 잘했다.'는 자는 쉽게 승리하게 만들어놓고 승리한 자이다. 이 때문에 전쟁을 잘하는 자의 승리는 지혜롭다는 명성이 없고 용맹스러운 공이 없는 것이다. 그러므로 전쟁을 하면 승리에 어긋나지 않으니, 어긋나지 않는다는 것은 반드시 승리하도록 조처하여 이미 패할 형세가 있는 적에게 승리하는 것이다.

그러므로 전쟁을 잘하는 자는 패하지 않을 자리에 서고, 적을 패퇴시킬 기회를 놓치지 않는 것이다.

이 때문에 승리하는 군대는 먼저 승리할 방책을 세운 뒤에 싸움을 청하고, 패하는 군대는 먼저 싸운 뒤에 승리하기를 바란다. 용병을 잘하는 자는 승리할 수 있는 방도를 닦고 병법을 보전하므로 승리하기 쉽게 만들어놓은 뒤에 이미 패한 적에게 승리하도록 군대를 운용하는 것이다.

병법은 첫 번째는 도度(지형에 따라 설치한 진영陣營의 크기와 형세를 파악함)이고, 두 번째는 양量(진영의 형세에 맞춰 진형陣形을 판단함)이고, 세 번째는 수數(진형에 따라 병력을 배치함)이고, 네 번째는 칭稱(적군과 아군의 강약을 헤아림)이고, 다섯 번째는 승勝(병력의 강약을 헤아린 뒤에 승리할 수 있는 형세를 앎)이니, 땅은 도度를 낳고 도는 양量을 낳고 양은 수數를 낳고 수는 칭稱을 낳으며 칭은 승勝을 낳는다. 그러므로 승리하는 군대는 일鎰(900g)을 가지고 수銖(9g)를 다는 것과 같고, 패하는 군대는 수를 가지고 일을 다는 것과 같으니, 승리하는 자의 싸움이 마치 저장해놓은 물을 천 길의 계곡에 쏟아놓는 것과 같은 것은 형세이다.

제5편 군대의 기세氣勢〔兵勢〕

군대가 이미 형태를 이루고 병력에 맞추어 땅을 이용하게 되면 반드시 대오를 편성하여 다스리고 깃발과 징·북으로써 통일하고 기병奇兵(유격 부대)과 정병正兵을 운용하여 변화하고 허실虛實로써 나타내야 하니, 이렇게 한 뒤에야 진陣을 치면 안정되고 수비하면 견고하고 전투하면 승리하는 것이다.

대오가 잘 갖추어져 있기 때문에 적의 다스려짐을 혼란함으로 만들 수 있고, 허와 실을 자세히 살피기 때문에 적의 견고함에 틈을 만들 수 있고, 기병과 정병이 상생相生하기 때문에 먼저 교전한 뒤에 적을 곤궁하게 할 수 있고, 깃발과 징·북으로 용맹한 자와 겁이 많은 자를 통일시키기 때문에 세勢에 맡겨 사람들을 싸우게 할 수 있어서, 그 기세가 마치 둥근 돌을 천 길 높은 산에서 굴리듯하여 막을 수가 없는 것이다. 그러므로 〈군대의 기세〔兵勢〕〉를 다음에 둔 것이다.

손자가 말하였다.

무릇 많은 병력을 다스리기를 적은 병력을 다스리듯하는 것은 대오를 편성하는 것이요, 많은 병력을 싸우게 하기를 적은 병력을 싸우게 하듯 하는 것은 깃발과 징·북이요, 삼군의 군대가 적의 침공을 받아도 반드시 패함이 없게 하는 것은 기병과 정병이요, 병력을 가하는 곳에 마치 숫돌을 가지고 새의 알을 깨는 것과 같게 하는 것은 허·실이다.

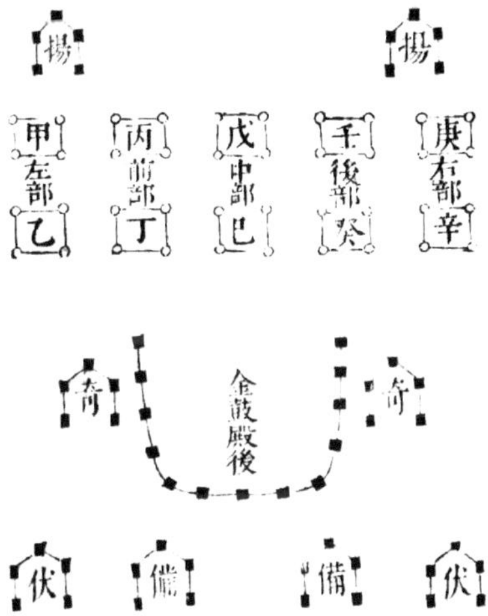

손무자 방진도孫武子方陣圖

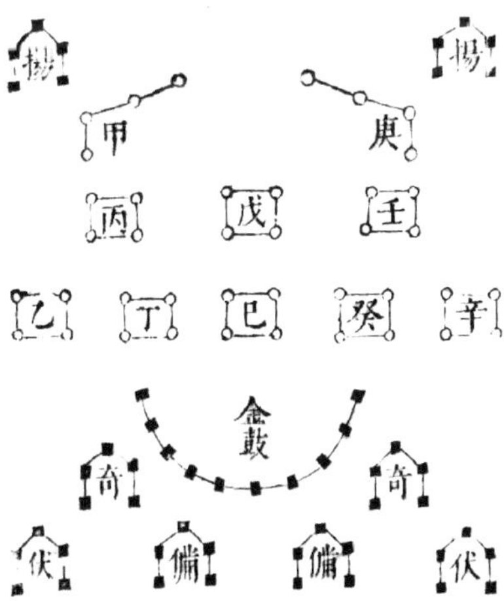

손무자 빈진도孫武子牝陣圖

무릇 전투는 정병으로 교전하고 기병으로 승리한다. 그러므로 기병을 잘 출동시키는 자는 하늘과 땅처럼 무궁무진하고 강과 바다처럼 마르지 않으니, 끝마쳤다가 다시 시작하기를 해와 달이 순환하는 것처럼 하고, 죽었다가 다시 살아나기를 사시四時가 오고 가는 것처럼 한다.

소리는 다섯 가지에 지나지 않으나 다섯 가지 소리의 변화를 이루 다 들을 수 없고, 색깔은 다섯 가지에 지나지 않으나 다섯 가지 색깔의 변화를 이루 다 볼 수 없고, 맛은 다섯 가지에 지나지 않으나 다섯 가지 맛의 변화를 이루 다 맛볼 수 없고, 싸우는 기세는 기병과 정병에 지나지 않지만 기병과 정병의 변화를 이루 다할 수 없다. 기병과 정병의 상생은 마치 순환에 끝이 없는 것과 같으니, 누가 능히 이것을 다하겠는가.

빠르게 격동한 물이 돌을 표류하게 하는 것은 기세요, 빠르게 공격하는 맹금猛禽이 새를 상하고 부러지게 하는 것은 절도이다. 그러므로 전투를 잘하는 자는 그 기세가 험하고 그 절도가 짧으니, 기세는 쇠뇌를 가득히 당긴 것과 같이 하고 절도는 기아機牙를 발동하는 것과 같이 하여야 한다.

분분하고 어지러운 것처럼 하여 어지럽게 싸우지만 절도가 있어 어지럽힐 수가 없고, 혼혼混混하고 돈돈沌沌하여 형체가 둥글게 앞뒤가 이어져 패퇴시킬 수가 없다.

혼란한 것처럼 위장함은 다스림에서 나오고 겁내는 것처럼 위장함은 용맹에서 나오며 약한 것처럼 위장함은 강함에서 나와야 하니, 다스림과 혼란함은 수數(진형에 따라 병력을 배치함)이고 용맹과 겁냄은 기세이고 강함과 약함은 형세이다.

그러므로 적을 잘 움직이게 하는 자는, 혼란하고 겁내고 약한 듯한 모습을 드러내 보여 적이 반드시 따라오게 만들고, 적에게 작은 이익을 주어 적이 반드시 취하게 만드니, 이익으로 적을 움직이고 근본으로 대비한다.

그러므로 전쟁을 잘하는 자는 승리할 수 있는 기세를 만들고 사람에게서 바라지 않는다. 그러므로 능히 사람을 가려 쓰고 기세에 맡기는 것이다.

기세에 맡기는 자는 나무와 돌을 굴리듯 병사들을 싸우게 하니, 나무와 돌의 성질은 편안하면 고요하고, 위태로우면 움직이며, 네모나면 그치고, 둥글면 굴러간다. 그러므로 적과 잘 싸우는 사람의 형세는 둥근 돌을 천 길 산 위에서 굴리는 것과 같으니, 이것은 기세 때문이다.

제6편 허虛와 실實〔虛實〕

이정李靖

이정李靖(571~649)은 말하기를 "기병奇兵과 정병正兵은 적의 허虛와 실實을 드러나게 하는 것이다." 하였으니, 기병과 정병, 허와 실은 서로 연관되는 것이다. 앞 편은 기병과 정병을 자세히 말하고 허와 실에 대해서는 약간 그 단서를 열어놓았다. 그러므로 이 편에서는 오로지 허와 실에 대해 논한 것이다. 처음에는 적의 허·실을 살피는 것을 말하고, 그 묘용妙用을 미루어 적의 허·실을 드러나게 하면 적의 목숨(운명)이 내 손안에 들어 있으니, 바로 용병의 극치이다. 그러나 기병과 정병을 잘 운용하면 허·실은 서서히 이루어지는 것이요, 특별한 속임수나 교묘한 계책이 있는 것이 아니다. 그러므로 〈허와 실〔虛實〕〉을 다음에 둔 것이다.

손자가 말하였다.

무릇 먼저 전쟁터에 가서 적을 기다리는 자는 편안하고, 전쟁터로 늦게 달려가 싸우는 자는 수고롭다. 그러므로 전쟁을 잘하는 자는 적이 오도록 만들고 적에게 끌려가지 않는 것이다.

적으로 하여금 스스로 오게 만드는 것은 적이 이롭게 여기기 때문이요, 적으로 하여금 오지 못하게 만드는 것은 적이 해롭게 여기기 때문이다. 그러므로 적이 편안하거든 수고롭게 하고, 적이 배부르거든 굶주리게 하고, 적이 안심하거든 동요하게 해야 한다.

적이 달려오지 않는 곳으로 출동하며 적이 예상하지 않은 곳으로 달려가야 한다. 천 리를 행군하고도 수고롭지 않은 것은 적이 없는 지역을 가기 때문이요, 공격하여 반드시 점령하는 것은 적이 지키지 않는 곳을 공격하기 때문이요, 지키면 반드시 견고한 것은 적이 공격하지 않는 곳을 지키기 때문이다. 그러므로 공격을 잘하면 적이 지킬 곳을 알지 못하고, 수비를 잘하면 적이 공격할 곳을 알지 못하는 것이다. 미묘하고 미묘하여 형체가 없음에 이르고 신묘하고 신묘하여 소리가 없음에 이르기 때문에 적의 운명을 좌우할 수 있는 것이다.

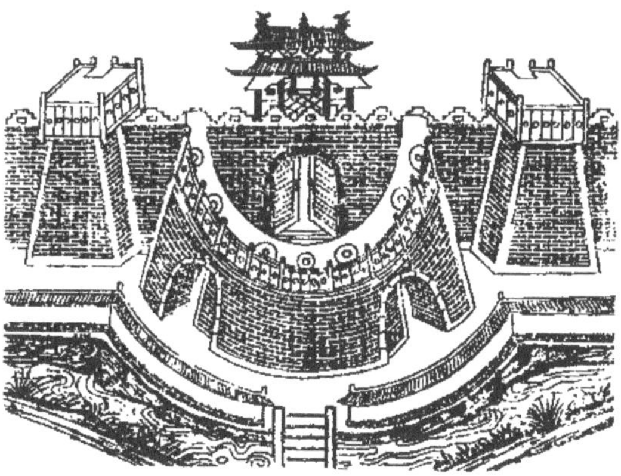

성루도城樓圖

진격하면 적이 막지 못하는 것은 적의 빈 곳을 공격하기 때문이요, 후퇴하면 적이 추격해오지 못하는 것은 신속하게 행동하여 적이 미칠 수가 없기 때문이다. 그러므로 우리가 적과 싸우고자 하면 적이 비록 보루를 높이 쌓고 해자를 깊이 파고 수비하더라도 우리와 싸우지 않을 수 없으니, 이는 적이 반드시 사수해야만 하는 곳을 공격하기 때문이요, 우리가 싸우고자 하지 않으면 비록 땅에 금만 긋고 지키더라도 적이 우리와 싸울 수 없으니, 이는 적이 가는 곳을 어긋나게 하기 때문이다.

그러므로 적에게 형체를 드러내 보이되 우리의 실상이 드러나지 않게 하면, 우리는 전일專一(한 곳에 집중)하고 적은 분산될 것이다. 우리는 한 곳으로 집중하고 적은 분산되어 열이 되면, 이는 열 배의 병력으로 공격하는 격이니, 우리는 많고 적은 적게 된다. 많은 병력을 가지고 적은 병력의 적을 공격하면 우리가 상대하여 싸우는 자들이 적게 된다.

우리가 적과 싸울 지역을 적이 알지 못하게 하여야 하니, 싸울 지역을 모르면 적이 대비하는 곳이 많게 되고, 적이 대비하는 곳이 많게 되면 우리가 상대하여 싸우는 곳이 적게 된다. 그러므로 앞쪽을 대비하면 뒤쪽이 적어지고 뒤쪽을 대비하면 앞쪽이 적어지며, 왼쪽을 대비하면 오른쪽이 적어지고 오른쪽을 대비하면 왼쪽이 적어지며, 대비하지 않는 곳이 없으면 적어지지 않는 곳이 없게 되니, 적의 병력이 적어지는 까닭은 우리를 대비하기 때문이요, 우리의 병력이 많아지는 까닭은 적으로 하여금 여러 곳에서 우리를 대비하게 하기 때문이다.

그러므로 전투할 지역과 전투할 날짜를 알면 천 리 멀리에서도 적과 전투를 벌일 수 있고, 전투할 지역과 전투할 날짜를 모르면 왼쪽이 오른쪽을 구원하지 못하고 오른쪽이 왼쪽을 구원하지 못하며, 앞쪽이 뒤쪽을 구원하지 못하고 뒤쪽이 앞쪽을 구원하지 못하는데, 하물며 먼 경우에는 수십 리이고 가까운 경우도 몇 리에 있어서이겠는가.

우리 오吳나라의 경우로 헤아려보건대, 월越나라의 병력이 비록 많으나 어찌 승리에 유익함이 있었겠는가. 그러므로 "승리는 만들 수 있다."라고 한 것이니, 적의 병력이 아무리 많더라도 우리와 싸우지 못하게 할 수 있는 것이다.

그러므로 적을 헤아려 득실得失의 계책을 알며, 적을 격동시켜 적의 동정動靜의 이치를 알며, 형체를 보여주어 죽고 사는 땅을 알며, 적을 협공하여 적의 견고한 곳과 허약한 곳을 아는 것이다.

그러므로 병력을 드러내는 극치는 형체가 드러나지 않는 것이니, 형체가 드러나지 않으면 깊이 잠입한 간첩도 엿보지 못하고 지모가 뛰어난 적도 도모하지 못한다. 형체를 통해 사람들(병사)에게서 승리를 거두지만 사람들은 알지 못한다. 사람들은 모두 내가 승리한 형체만 알고, 내가 승리하게 된 형체는 알지 못한다. 그러므로 싸워서 이긴 계책은 되풀이하지 않으며 적의 형체에 따라 무궁무진하게 대응하게 하는 것이다.

군대의 형체는 물과 비슷하니, 물의 형체는 높은 곳을 피해 낮은 곳으로 달려가고, 군대의 형체는 적의 견실한 곳을 피해 허약한 곳을 공격한다. 물은 지형을 따라 흐르고 군대는 적의 변화에 따라 승리를 얻는다. 그러므로 군대는 고정된 형세가 없고 물은 일정한 형체가 없으니, 적의 사정에 따라 변화하여 승리하는 것을 신묘하다고 한다.

그러므로 오행五行은 항상 이기는 것이 없고, 사시四時는 일정한 위치가 없으며, 해는 짧고 긺이 있고, 달은 차고 기욺이 있는 것처럼 군대의 형체에는 고정됨이 없는 것이다.

제7편 군대의 전쟁〔軍爭〕

〈국방 계획〔始計〕〉은 싸우기 전에 승부를 비교하는 것이고, 〈군사 작전〔作戰〕〉은 전쟁에 앞서 수고로움과 비용을 계산하는 것이고, 〈공격의 도모〔謀攻〕〉는 앉아서 수판을 움직여 적을 굴복시키는 것이니, 모두 군대의 기략機略과 지모智謀이고 군대의 전쟁은 아니다.

〈군대의 형세〔軍形〕〉는 군대에 형체가 있는 것이고, 〈군대의 기세〔兵勢〕〉는 기세를 확장하는 것이며, 〈허와 실〔虛實〕〉은 변하여 지극히 신묘하게 변화하고 고무하는 것이다. 마치 푸줏간 백정의 손놀림이 절도에 맞지 않음이 없고, 음악을 구경하는 계자季子가 소소韶箾(순임금의 음악)에서 그친 것과 같으니, 말 또한 여기에서 끝날 수 있다.

그러나 여섯 개의 깃털을 들어도 솜털이 빠져 있으면 어떻게 온전한 새가 될 수 있겠는가. 그러므로 〈군대의 전쟁〔軍爭〕〉 이하는 여러 병법을 모아 차례로 엮어서 대부분 비슷한 종류끼리 서로 묶어 문장에 혹 연속성이 없지만 중요한 글자를 들어 제목으로 삼았으니, 미리 편의 제목을 세워 결구結構의 뜻을 다해서 머리와 꼬리가 서로 일관되게 단숨에 이루어진 문체가 아니다.

그러므로 〈군대의 전쟁〔軍爭〕〉은 군대가 이익을 꾀하는 것으로 네 가지 다스림을 덧붙였고, 〈아홉 가지 용병의 방법〔九變〕〉은 권변權變을 통달하는 것으로 다섯 가지 위험을 경계하였으며, 군대를 주둔함과 적을 살펴봄을 함께 논하면서 치병治兵이 뒤따르고 육지

六地(여섯 가지 지형)와 육패六敗(여섯 가지 패하는 방도)가 서로 이어지면서 장수의 도道가 끼어 있다.

분노와 노여움에 대해 지극히 경계하고 신중히 함은 〈화공법〔火攻〕〉과 전혀 상관이 없고, 마땅히 은미하고 치밀히 행동하여 적의 실정을 탐지하여야 하므로 오로지 간첩을 사용함을 〈간첩의 활용〔用間〕〉에서 논하였는데, 이는 모두 병법을 논함에 없을 수 없는 것으로, 안목을 구비한 자가 쉽게 볼 수 있는 것이다. 그런데 주석가들이 억지로 이것을 끌어다가 맞추고자 함은 또한 어째서인가.

〈아홉 가지 지세〔九地〕〉 한 편은 장인匠人의 마음이 더욱 공교하여 따로 한 문장을 지어냈으니, 마치 기마驥馬가 태항산太行山에서 곤궁하고 배가 여량呂梁이라는 험한 수로를 지나면서 거의 죽었다가 살아나고 거의 위태로웠다가 편안해진 것과 같다. 병가에서 남모르게 간직하고 있는 비밀을 남김없이 노출하여 《손자》 전체의 후미를 장식하는 문자로 삼아 《장자莊子》의 〈천하天下〉와 《한서漢書》의 〈서전敍傳〉과 함께 수습하여 맺은 법이 동일하다. 이는 바로 이 한 권의 단락을 나눈 것으로 독자들이 몰라서는 안 되는 것들이다.

손자가 말하였다.

무릇 용병하는 방법은, 장수가 군주에게 명령을 받아 군대를 합치고 병력을 모아서 군문軍門을 마주하여 대치할 적에는 군대의 전쟁보다 더 어려운 것이 없다. 군대의 전쟁의 어려움은 우회로를 지름길로 만들고 환란을 이로움으로 만드는 것이다. 그러므로 길을 우회하되 이익을 미끼로 적을 유인해서 적보다 뒤에 출발하여 적보다 먼저 도착할 수 있으니, 이는 우회와 직선의 계책을 아는 것이다.

그러므로 군대가 적과 다투는 것은 자신을 이롭게 하기 위한 것이나, 오합지졸을 동원하여 다투는 것은 도리어 자신을 위태롭게 하는 것이다.

전군을 동원하여 이로움을 다투면 제때에 도착하지 못하고, 행군속도가 느린 보병을 버리고 이익을 다투면 치중輜重(식량, 무기, 장막 등의 군수물자)을 버리게 된다. 이 때문에 갑옷을 말아 급히 달려가서 밤낮으로 쉼 없이 곱절의 속도로 강행군하여 백 리에 이익을 다투면 세 장군이 사로잡히게 되고, 굳센 자가 먼저 도착하고 피로한 자가 뒤에 도착하게 되니, 통례상 10분의 1만 도착한다. 50리를 달려가 이익을 다투면 상장군이 쓰러지니 이런 방법으로는 군대가 반만 도착하고, 30리를 달려가 이익을 다투면 군대의 3분의 2만 도착한다. 이 때문에 군대는 치중이 없으면 망하고, 양식이 없으면 망하고, 저축이 없으면 망하는 것이다.

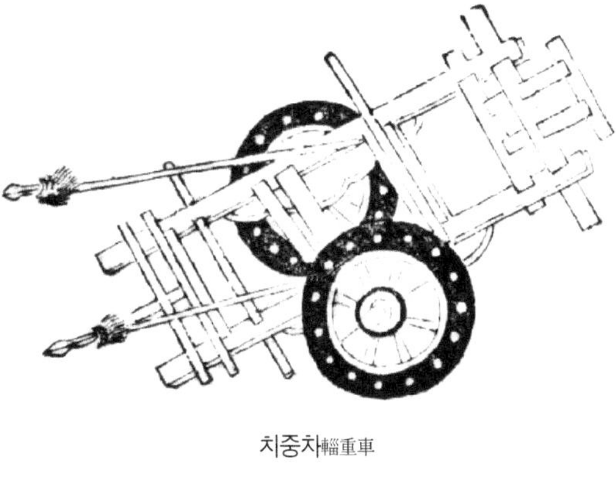

치중차輜重車

그러므로 제후들의 계책을 모르는 자는 미리 외교를 맺지 못하고, 산림과 험조險阻(지세의 험준함)와 저택沮澤(저습한 늪지와 못)의 지형을 모르는 자는 행군하지 못하고, 향도鄕導(길잡이)를 사용하지 않는 자는 지형의 이로움을 얻지 못하는 것이다.

그러므로 군대는 속임수를 근본으로 세우고, 이익에 따라 출동하고, 분산하고 합치는 것을 변화로 삼는 것이다. 이 때문에 바람처럼 빠르고 숲처럼 느리게 나아가며, 적을 침략할 적에는 불꽃과 같이 맹렬하게 하고 움직이지 않을 적에는 산과 같이 고요하게 하며, 하늘에 그늘이 드리운 것처럼 우리의 허실과 동정을 볼 수 없게 하고, 출동할 적에는 천둥벼락처럼 신속하게 해야 한다. 지방을 노략질하여 병력을 분산 배치하고 땅을 넓혀 편리한 곳을 점거하여, 이해득실을 헤아려보고 출동하여 우회와 직선의 계책을 먼저 아는 자가 승리하니, 이것이 군대의 전쟁법이다.

옛 병서 《군정軍政》에 이르기를 "말소리가 서로 들리지 않기 때문에 징과 북을 사용하고, 서로 보이지 않기 때문에 깃발을 사용한다." 하였으니, 징과 북과 깃발은 사람의 귀와 눈을 통일시키는 것이다. 사람의 귀와 눈이 통일되면 용감한 자도 홀로 전진할 수 없고 겁이 많은 자도 홀로 후퇴할 수 없으니, 이것이 많은 병력을 운용하는 방법이다.

그러므로 야간 전투에는 불과 북을 많이 사용하고, 주간 전투에는 깃발을 많이 사용하니, 이는 적의 귀와 눈을 어지럽혀 동요하게 하는 것이다.

그러므로 적의 삼군에게서 기氣를 빼앗을 수 있고 적의 장군에게서 마음을 빼앗을 수 있으니, 이 때문에 적의 아침 기운은 예리하고 낮 기운은 태만하고 저녁 기운은 지쳐서 돌아가려 한다. 그러므로 용병을 잘하는 자는 적의 예리한 기운을 피하고 나태하여 돌아갈 적에 공격하는 것이니, 이는 기운을 잘 다스리는 자이다.

우리 군대를 잘 다스려서 적이 혼란하기를 기다리고 우리 군대를 고요하게 하여 적이 떠들기를 기다려야 하니 이는 마음을 다스리는 것이요, 가까이 있는 우리 군대가 멀리서 온 적을 기다리고 편안한 우리 군대가 수고로운 적을 기다리고 배부른 우리 군대가 굶주린 적을 기다려야 하니 이는 힘을 다스리는 것이요, 바르고 정돈된 적의 깃발을 맞아 싸우지 말고 당당한 적의 진영을 공격하지 말아야 하니 이는 변화를 다스리는 것이다.

그러므로 용병하는 방법은 높은 언덕의 적을 향하지 말고, 언덕을 등진 적과는 맞서 싸우지 말고, 거짓 패하여 달아나는 적은 추격하지 말고, 정예로운 적은 공격하지 말고, 미끼로 내놓은 적은 취하지 말고, 돌아가는 적은 막지 말고, 포위된 적은 반드시 한쪽을 터주고, 궁지에 빠진 적은 압박하지 말아야 하니, 이것이 병사를 운용하는 방법이다.

제8편 아홉 가지 용병의 방법〔九變〕

이 편은 장수가 마땅히 상황에 따라 변통하는 방법에 통달하여야 하고, 일정한 법식에 구애되어서는 안 됨을 논하였다. 그러므로 첫 번째에 구변九變(아홉 가지 변화)과 오리五利(다섯 가지 이로움)를 논하였으니, 구변은 대부분 해로운 가운데서 이로움을 생각하는 일이고, 오리는 이로운 가운데서 해로움을 생각하는 일이니, 모두 변통하여 마땅하게 하는 것이다. 만일 이익과 해로움을 분변하지 못하면, 제후를 부려 패자霸者와 왕자王者의 군대가 될 수 없고, 또 성질이 편벽되어 다섯 가지 위태로운 경계를 범하게 된다.

손자가 말하였다.

무릇 용병하는 방법은 장수가 군주에게 명령을 받고서 군대를 합치고 병력을 모으되, 비지圮地(허물어지는 땅)에서는 머물지 말고, 구지衢地(길거리가 되는 땅)에서는 외국과 외교를 맺고, 절지絶地(끊어진 땅)에서는 머물지 말고, 위지圍地(포위될 땅)에서는 지모智謀로 도모하고, 사지死地(죽을 땅)에서는 싸워야 한다.

가지 않아야 할 길이 있고, 공격해서는 안 되는 적의 군대가 있고, 공격하지 않아야 할 적의 성이 있고, 다투지 않아야 할 적지가 있고, 받아들이지 않아야 할 군주의 명령이 있는 것이다.

그러므로 장수가 구변의 이로움에 통달한 경우에는 용병할 줄을 알게 되니, 장수가 구변의 이로움을 통날하지 못하면 비록 지형을 알더라도 지형의 이로움을 얻지 못하고, 군대를 다스림에 있어 구변의 방법을 알지 못하면 비록 다섯 가지 이로움을 알더라도 훌륭한 사람을 얻어 쓰지 못할 것이다.

이 때문에 지혜로운 자는 반드시 이로움과 해로움을 모두 생각하는 것이다. 해로움 속에서도 동시에 이로움을 생각하면 힘써야 할 바를 펼 수 있으며, 이로움 속에서도 동시에 해로움을 생각하면 환란을 해결할 수 있다.

이 때문에 이웃의 제후를 굴복시키는 것은 적을 해롭게 함으로써 하고, 이웃의 제후를 부역하게 하는 것은 부강한 기업基業으로써 하고, 이웃의 제후들을 달려오게 하는 것은 이익으로써 하는 것이다.

그러므로 용병하는 방법은, 적이 쳐들어오지 않음을 믿지 말고 우리가 대비함이 있음을 믿어야 하며, 적이 공격하지 않음을 믿지 말고 우리에게 적이 공격할 수 없는 대비가 있음을 믿어야 하는 것이다.

이 때문에 장수에게는 다섯 가지 위태로움이 있으니, 장수가 필사적으로 싸우려 하면 죽임을 당할 수 있고, 장수가 반드시 살려 하면 사로잡힐 수 있고, 장수가 화를 잘 내고 성격이 급하면 업신여김을 당할 수 있고, 장수가 청렴하고 결백하면 모욕을 당할 수 있고, 장수가 백성(병사)을 사랑하면 번거로워질 수 있으니, 무릇 이 다섯 가지는 장수의 잘못으로, 용병하는 데 재해가 될 수 있다.

군대가 전복되고 장수가 죽임을 당하는 것은 반드시 이 다섯 가지 위태로움 때문이니, 살피지 않으면 안 된다.

제9편 군대의 출동과 주둔〔行軍〕

이 편은 군대를 주둔하는 네 가지 이로움과 적을 살펴보는 32개의 조항을 논하였으니 모두 근엄하고 순정醇正하여 속이는 꾀가 전혀 없다. 다음은 생각 없이 적을 깔보는 것을 경계하고 오직 힘을 하나로 하여 적을 헤아리는 것을 귀하게 여겨야 한다는 것에 대해 설명하였고, 다음은 군대를 다스리는 법을 논하였다.

문장이 비록 연결되지 않으나 모두 군대를 운용하는 요점이니, 하나로 이루어진 문장이라고 해도 괜찮을 것이다.

손자가 말하였다.

무릇 군대를 주둔시키고 대적하고 있을 때, 험한 산을 지나갈 경우에는 골짜기에 의지하고, 양지바르고 높은 곳에 주둔하며, 적이 높은 곳을 점거하였으면 올라가 싸우지 말아야 하니, 이는 산에 군대를 주둔하는 방법이다.

물을 건너가서 적과 싸우려 할 경우에는 반드시 물에서 멀리 떨어진 뒤에 싸워야 하며, 적군이 물을 건너오면 물가에서 맞아 싸우지 말고 적군이 물을 절반쯤 건너왔을 때에 공격하면 이롭다. 적과 싸우려 할 경우에는 물 가까이 붙어서 적을 맞아 싸우지 말며, 양지바르고 높은 곳에 주둔하고 물의 흐름에 마주하여 주둔하지 말아야 하니, 이는 물가에 군대를 주둔하는 방법이다.

갯벌과 늪지대를 통과하게 되면 지체하지 말고 빨리 떠나가되, 부득이하여 만약 갯벌과 늪 가운데에서 교전하게 되면 반드시 물과 풀이 있는 좋은 곳을 의지하고 숲을 등지고 있어야 하니, 이는 갯벌과 늪지대에 군대를 주둔하는 방법이다.

평지와 고원에서는 평탄한 곳에 주둔하여, 높은 언덕을 오른쪽과 뒤쪽에 두어 믿을 만한 형세로 삼고, 앞은 낮고 뒤는 높아서 달려가 공격하기 편하게 해야 하니, 이는 평지와 고원에 군대를 주둔하는 방법이다.

황제黃帝

무릇 군대를 주둔하는데 이로운 이 네 가지는 옛날 황제黃帝가 네 제왕과 싸워서 승리한 이유이다.

모든 군대는 높은 곳을 좋아하고 낮은 곳을 싫어하며, 양지를 귀하게 여기고 음지를 천하게 여긴다. 병사들의 생기를 길러주고 견실한 곳에 주둔하여 군대가 아무런 질병이 없으면 이것을 '필승의 형세'라고 한다. 구릉과 제방에서는 반드시 양지바른 곳에 주둔하되 오른쪽과 등 뒤에 구릉과 제방을 두어 견고함으로 삼아야 하니, 이렇게 하면, 병력을 운용하는 데 이롭고 지형의 도움을 얻을 수 있다. 상류에 빗물이 불어 물거품이 떠내려 오면, 물을 건너려는 자는 수위가 안정될 때까지 기다려야 한다.

무릇 땅에 절간絶澗(높은 벼랑의 시내)·천정天井(가운데가 낮아서 물이 모이는 곳)·천뢰天牢(멀리 조망할 수 없는 곳)·천라天羅(나무가 빽빽하여 전진과 후퇴가 어려운 곳)·천함天陷(구덩이)·천극天隙(두 산 사이의 좁은 틈)이 있으면 반드시 빨리 떠나 가까이하지 말아야 한다. 우리가 이곳을 멀리하면 적이 가까이하고, 우리가 이곳을 마주하면 적이 등지게 된다.

병력이 위치한 곳 부근에 가파르고 험한 곳과 저습한 웅덩이에 갈대와 숲이 우거진 곳이 있으면 반드시 적이 매복을 설치하였는가 철저히 수색하여야 하니, 이는 적의 복병과 간사한 첩자가 숨기 좋은 곳이기 때문이다.

적이 아군과 가까이 있으면서 조용한 것은 험한 지형을 믿는 것이요, 적이 멀리 있으면서 사주 와서 도전하는 것은 우리가 싸우러 나오기를 바라는 것이요, 적이 평탄한 곳에 주둔하고 있는 것은 이익으로 우리를 유인하기 위한 것이요, 적지 근처의 나무가 움직이는 것은 적이 나무를 베고 길을 닦으며 오는 것이요, 여러 가지 초목草木으로 장애물을 많이 만드는 것은 우리를 의심하게 하는 것이요, 새가 나는 것은 적의 매복이 있는 것이요, 짐승이 놀라 뛰쳐나오는 것은 적의 복병이 숨어 있는 것이다.

먼지가 높이 날면서 직선으로 올라가는 것은 적의 전차가 오는 것이요, 먼지가 낮게 날면서 넓게 퍼지는 것은 적의 보병이 오는 것이요, 먼지가 흩어지면서 여기저기서 나오는 것은 적이 나무를 채취하는 것이요, 먼지가 적게 일어나면서 이리저리 한 번씩 오가는 것은 적이 군영을 설치하는 것이다.

적의 사신이 왔을 적에 말이 겸손하면서 태세를 더욱 대비하는 것은 진격하기 위한 것이요, 사신의 말이 완강하면서 군대가 급히 전진하는 것은 후퇴하기 위한 것이요, 적이 경무장한 전차〔輕車〕로 먼저 출동하여 옆에 주둔하는 것은 진을 치기 위한 것이요, 적이 약속이 없으면서 화친을 청하는 것은 계략이요, 적이 분주히 병사와 전차들을 진열하는 것은 싸움을 기약하는 것이요, 적이 전진과 후퇴를 반복하는 것은 유인하는 것이요, 적이 병장기에 기대 있는 것은 굶주리기 때문이요, 적이 물을 길어 가면서 먼저 마시는 것은 목마르기 때문이요, 적이 이로움을 보고도 진격하지 않는 것은 피로하기 때문이다.

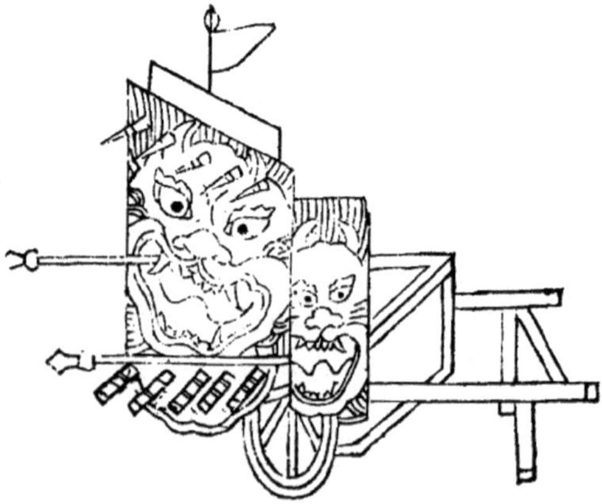

경거輕車

적의 진영에 새가 모이는 것은 진영이 빈 것이요, 적이 밤중에 함성을 지르는 것은 두려워서이고, 적의 병사들이 소요하는 것은 적의 장수가 위엄이 없기 때문이요, 적의 깃발이 움직이는 것은 적의 대오가 혼란스러운 것이요, 적의 관리가 노여워하는 것은 적이 지쳐 있는 것이요, 적이 말을 잡아먹는 것은 군대에 양식이 없는 것이요, 취사도구를 매달아놓고 자기의 숙소로 돌아가지 않는 것은 적이 병사들을 궁지로 몰아 결사적으로 싸우려는 것이요, 적장이 간곡하고 다정하게 천천히 병사들과 말하는 것은 병사들의 마음을 잃은 것이요, 적장이 자주 상을 내리는 것은 군색한 것이요, 적장이 자주 벌을 내리는 것은 곤궁한 것이요, 먼저 병사들을 포학하게 대하다가 뒤에 두려워하는 것은 정밀하지 못함이 지극한 것이요, 적이 와서 우리에게 사례하는 것은 휴식하고자 하는 것이다.

우리와 적군이 분노하며 서로 대치만 하면서 적군이 오래도록 결전도 않고, 철수도 하지 않는다면 반드시 적의 계략을 삼가 살펴야 한다.

군대는 병력이 더 많은 것을 귀하게 여기지 않는다. 무용武勇만을 믿고 경솔하게 진격하지 말고 충분히 힘을 길러서 적의 허실을 헤아려 적에게서 승리를 쟁취할 뿐이다. 깊은 생각이 없이 적을 깔보는 장수는 반드시 적에게 사로잡힌다.

병사들이 친애하고 따르지 않는데 벌을 주면 복종하지 않으니 복종하지 않으면 쓰기 어렵고, 병사들이 친근하게 따르지만 형벌을 제대로 시행하지 않으면 병사들을 쓸 수 없다. 그러므로 문교文教로 명령하고 무벌武罰(무력으로 벌을 줌)로 통일시켜야 하니, 이를 일러 '반드시 승리를 쟁취한다.'고 하는 것이다. 명령이 평소 행해져서 문교로 병사들을 가르치면 병사들이 복종하고, 명령이 평소 행해지지 않는데 무벌로 병사들을 가르치면 병사들이 복종하지 않으니, 명령이 평소 행해지는 장수는 병사들과 서로 마음이 맞는 것이다.

제10편 지형地形의 활용〔地形〕

이 편에서 '여섯 가지 지형〔六地〕'의 아래에 '여섯 가지 패하는 방도〔六敗〕'를 이어서 논한 것은 같은 종류끼리 모은 것이고, '필승必勝'과 '필패必敗'의 구句 아래는 앞 내용에 이어서 승패의 기미를 논한 것이다. '차라리 군주의 명령을 어긴다.'는 것은 다른 내용을 빌려와서 이어 붙인 것이며, 다음 '병사를 다스리는 방법〔治兵〕'에 대한 한 단락은 같은 종류도 아니고 다른 내용을 빌려온 것도 아니고 전편의 미진한 뜻을 거듭 밝힌 것이다.

끝에는 다시 지형에 대한 내용을 논하여 적과 자기를 참고하여 끝맺어서 처음과 끝이 서로 연결되도록 안배하였다.

손자가 말하였다.

지형에는 통형通形, 괘형掛形, 지형支形, 애형隘形, 험형險形, 원형遠形이 있다.

평평한 육지의 사통오달四通五達하는 곳으로 우리도 갈 수 있고 적도 올 수 있는 것을 통형通形이라 하니, 통형에서는 높고 양지바른 곳을 먼저 차지하여 군량 수송로를 편리하게 하고서 전투하면 이롭다.

뒤가 높고 앞이 낮아서 모습이 걸려 있는 듯하여 갈 수는 있어도 돌아오기 어려운 것을 괘형掛形이라 하니, 괘형에서는 적의 대비가 허술하면 출동하여 승리할 수 있지만, 적이 만약 방비하여 출격하였다가 승리하지 못하면 돌아오기 어려우니, 불리하다.

두 보루 가운데 험한 곳이 있어 우리가 출동하여도 불리하고 적이 출동하여도 불리한 것을 지형支形이라 하니, 지형에서는 적이 비록 우리에게 이익을 주더라도 우리가 출동하지 말고, 군대를 이끌고 물러나서 적을 반쯤 나오게 하여 공격하면 이롭다.

애형隘形은, 두 산 가운데 평탄한 골짝으로, 우리가 먼저 점령하였으면 반드시 병력을 꽉 채우고서 적이 오기를 기다려야 하니, 만약 적이 먼저 점령하여 적군이 가득하면 적을 따라 싸우지 말고, 가득하지 않으면 따라 싸워야 한다.

험형險形은, 험하고 막혀 행군하기 어려운 곳으로 우리가 먼저 점령하였으면 반드시 먼저 높고 양지바른 곳에 주둔하여 적이 오기를 기다려야 하니, 만약 적이 먼저 점령하였으면 병력을 이끌고 물러나 따라 싸우지 말아야 한다.

원형遠形은, 아군과 적군의 거리가 서로 비슷하여 도전하기 어려운 곳이니, 이러한 곳에서 싸우면 불리하다. 무릇 이 여섯 가지는 지형에 따라 승리하는 방도이고 장수의 지극한 임무이니, 살피지 않으면 안 된다.

그러므로 군대는 패주하는 군대가 있고, 해이한 군대가 있고, 함몰되는 군대가 있고, 무너지는 군대가 있고, 혼란한 군대가 있고, 패배하는 군대가 있으니, 무릇 이 여섯 가지는 하늘과 땅의 재앙이 아니요 장수의 잘못인 것이다.

아군과 적군의 군사력의 강약과 용맹이 서로 엇비슷할 때 아군 한 명으로 적군 열 명을 공격하는 것을 '패주'라 하고, 병사들은 강한데 장교들이 약한 것을 '해이'라 하고, 장교들은 강하고 병사들이 약한 것을 '함몰된다'라 한다. 부장이 분노하며 복종하지 않고 적을 만났을 적에 서로 원망하여 제멋대로 싸우려 하는데도 장수가 군대를 제대로 통솔하지 못하는 것을 '무너진다'라 하고, 장수가 나약하고 엄격하지 못하며 가르치는 방도가 분명하지 못하여 장교와 병사들이 일정하게 지킴이 없이 군대를 종으로 횡으로 어지럽게 진열한 것을 '혼란'이라 하고, 장수가 적을 제대로 헤아리지 못하여 적은 병력으로 많은 병력의 적과 교전하고 약한 병력으로 강한 적을 공격하며 선발된 선봉 부대가 없는 것을 '패배'라 한다.

무릇 이 여섯 가지는 패하는 방도이고, 장수의 지극한 임무이니, 살피지 않으면 안 된다.

무릇 지형이라는 것은 용병의 보조이니, 적을 헤아려 승리할 방도를 마련해 놓고, 지형의 험하고 좁음과 멀고 가까움을 계산하는 것은 상장군上將軍의 도리이다. 이것을 알고 싸우는 자는 반드시 승리하고, 이것을 모르고 싸우는 자는 반드시 패배한다.

그러므로 싸우는 방도에 반드시 승리할 수 있으면 군주가 싸우지 말라고 지시하더라도 반드시 싸우는 것이 옳고, 싸우는 방도에 승리할 수 없으면 군주가 반드시 싸우라고 지시하더라도 싸우지 않는 것이 옳은 것이다. 그러므로 장수가 전진할 적에는 명예를 구하지 않고 후퇴할 적에는 죄를 피하지 않으며, 오직 백성을 보호하고 군주를 이롭게 하면, 이것이 나라의 보배인 것이다.

장수가 병사를 마치 어린아이와 같이 돌보기 때문에 병사들과 함께 깊은 계곡이라도 달려갈 수 있고, 병사들을 마치 사랑하는 자식과 같이 대하므로 병사들과 함께 죽을 수 있다. 그러나 사랑하여도 제대로 명령하지 못하고, 친하여도 제대로 부리지 못하고, 혼란하여도 제대로 다스리지 못하면, 교만한 자식과 같아서 쓸 수 없는 것이다.

장수가, 아군이 용감하여 적을 공격할 수 있는 것만 알고 적이 대비하여 공격할 수 없는 것을 알지 못하면 이길 확률은 절반이요, 적을 공격할 만하다는 것만 알고 우리 병사들이 적을 공격할 수 없는 것을 알지 못하면 이길 확률은 절반이요, 적을 공격할 만하다는 것을 알고 우리 병사들이 적을 공격할 수 있음을 알더라도 지형이 싸울 수 없는 곳임을 알지 못하면 이길 확률은 절반이다. 이 때문에 병법을 아는 자는 출동하면 혼미하지 않고 조처하면 곤궁하지 않은 것이다. 그러므로 병법에 이르기를 “적을 알고 우리를 알면 승리하여 마침내 위태롭지 않고, 천시天時를 알고 지리地利를 알면 승리를 온전히 할 수 있다.”라고 한 것이다.

제11편 아홉 가지 지세地勢〔九地〕

소순蘇洵(1009~1066)이 용감한 자와 겁이 많은 자, 용맹과 겁이 반반인 자로 세 등급의 인물을 가설하여 간쟁諫諍에 비유하였으니, 이제 이것을 빌려 병사들을 비유해보겠다.

귀와 눈을 통일시켜서 용감한 자와 겁이 많은 자를 고르게 함은 기세에서 구해야 하니, 기세로써 적과 싸움은 비유하면 용감한 자가 상을 탐하는 것이요, 여기에 더하여 기운과 마음과 힘을 다스려 문교文教로 명령하고 무벌武罰로 통일시키는 것은 용맹과 겁이 반반인 자로 하여금 두려워하여 따르게 하는 것에 비유할 수 있고, 사지死地에 빠지게 하는 것은 겁이 많은 자를 호랑이에게 쫓기게 하는 격이니, 이는 병가의 가장 높은 경지이다. 이 위로는 다시 한 층이 없고 또한 가장 위험한 경계여서 다시 앞으로 한 걸음을 내디딜 여지도 없으니, 이 때문에 감히 가볍게 말할 수가 없고 성급하게 말할 수도 없는 것이다.

그러므로 신중히 하고 또 신중히 하다가 지은 글을 장차 끝마치려 할 때에 이르러서야 겨우 말하였는데, 이미 말을 하였으면 또 활을 당기기만 하고 발사하지 않을 수가 없으므로 한 번에 그치지 않고 거듭 말하며, 기필코 남김없이 다 드러내고서야 끝냈으니, 이것은 손자가 고심한 흔적이다.

군대를 출동하여 주둔하는 곳이 모두 아홉 가지인데, 얕은 데로부터 점점 깊어져서 사지에 이르러 다시 갈 곳이 없게 되었다. 그런데 갑자기 살길을 열어놓아 단지 위태로움과 멸망을 면할 뿐만

이 아니요, 또 사지를 빌려 공을 세우고 일을 성취할 수 있으니, 이것이 바로 병법에 이른바 '병사들이 위험에 빠진 뒤에야 승리하여 적을 패퇴시킬 수 있다.'는 것이다. 배우는 자가 마땅히 깊이 음미하여 연구해야 할 것이다.

손자가 말하였다.

용병하는 법은 산지散地, 경지輕地, 쟁지爭地, 교지交地, 구지衢地, 중지重地, 비지圮地, 위지圍地, 사지死地가 있다.

제후가 자기 지역에서 스스로 싸우는 곳을 '산지'라 하고, 적의 지역에 들어가되 깊이 들어가지 않은 곳을 '경지'라 하고, 우리가 차지해도 이롭고 적이 차지해도 이로운 곳을 '쟁지'라 하고, 우리도 갈 수 있고 적도 올 수 있는 곳을 '교지'라 하고, 제후의 땅이 삼면으로 이웃나라와 연결되어 있어서 먼저 이르면 천하의 무리를 얻을 수 있는 곳을 '구지'라 하고, 적의 지역에 깊이 들어가서 적의 성읍을 많이 등지고 있는 곳을 '중지'라 하고, 산림과 험준한 지역과 저습한 늪지대와 못처럼 행군하기 어려운 모든 길을 '비지'라 하고, 들어가는 길이 좁고 돌아오는 길은 우회로여서 소수의 적군이 다수의 아군을 공격할 수 있는 곳을 '위지'라 하고, 서둘러 싸우면 생존하고 서둘러 싸우지 않으면 패망하는 곳을 '사지'라 한다.

이 때문에 산지에서는 싸우지 말아야 하고, 경지에서는 머물러 있지 말아야 하고, 쟁지에서는 오랫동안 적을 공격하지 말아야 하고, 교지에서는 길을 끊지 말아야 하고, 구지에서는 외국과 연합하여 사귀어야 하고, 중지에서는 노략질하여야 하고, 비지에서는 빨리 벗어나야 하고, 위지에서는 지모智謀로써 도모하여야 하고, 사지에서는 결사적으로 싸워야 하는 것이다.

옛날에 이른바 '용병을 잘하는 자'는 적으로 하여금 전위前衛와 후위後衛가 서로 미치지 못하게 하고, 병력이 많은 부대와 적은 부대가 서로 믿지 못하게 하고, 귀한 사람과 천한 사람이 서로 구원하지 못하게 하고, 장수와 부하들이 서로 수습하지 못하게 하고, 병사들이 이산하여 모이지 못하게 하고, 병사들이 모여도 질서가 유지되지 못하게 하였다. 이렇게 하고서 우리의 이익에 부합하면 출동하고 이익에 부합하지 않으면 멈추었다.

감히 묻기를 "적이 병력을 정돈하고서 장차 쳐들어오려고 하면 어떻게 상대하여야 합니까?" 하니, 대답하기를 "먼저 적이 아끼는 곳을 빼앗으면, 적이 우리의 진퇴를 따를 것이다."라고 하였다. 군대의 실정은 신속함을 위주로 하니, 신속히 하면 적이 미처 대비하지 않은 틈을 타고 적이 예상하지 못한 길을 경유하여 적이 경계(수비)하지 않는 곳을 공격할 수 있다.

무릇 객이 되어 전투하는 방도는 깊이 쳐들어가면 병사들의 마음이 전일專一해지니, 주인 된 자가 이기지 못한다. 풍요로운 들에서 노략질하여 삼군의 양식이 풍족하면, 병사들에게 음식을 공급하여 위로하고, 피로하지 않도록 해야 한다. 그리하여 기운이 왕성하고 힘이 온전해진 뒤에 군대를 운용하되, 우리의 장병들로 하여금 우리의 계책을 측량할 수 없게 하여야 한다. 도망할 곳이 없는 곳으로 병력을 투입하면 병사들이 죽어도 달아나지 않으니, 죽을 각오로 싸운다면 병사들이 힘을 다하지 않을 수 있겠는가.

병사들은 위급한 지역에 깊이 빠져 있으면 두려워하지 않고, 갈 곳이 없으면 견고해지고, 적지로 깊이 쳐들어가면 간히게 되고, 부득이하면 결사적으로 싸운다. 이 때문에 군대를 정돈하지 않아도 경계가 철저하며, 요구하지 않아도 사력을 얻으며, 약속하지 않아도 가까워지며, 호령하지 않아도 믿는 것이다. 요망한 말이나 일을 하지 않고 의심스러운 계책을 제거하면 병사들은 죽을지언정 딴 생각이 없게 된다.

우리 병사들이 여타의 재물을 남겨두지 않는 것은 재물을 싫어해서가 아니요, 남은 생애를 염두에 두지 않는 것은 장수長壽를 싫어해서가 아니다. 출전 명령을 내리는 날에 병사들 중에 출전하지 못하고 앉아 있는 자들은 눈물이 옷깃을 적시고, 병으로 누워 있는 자들은 눈물이 턱으로 흘러내리니, 이들을 도망할 곳이 없는 곳으로 투입하면 오吳나라 전제專諸(미상~B.C. 515)와 노魯나라 조극曹劌 같이 용맹하게 싸울 것이다.

그러므로 용병을 잘하는 자는 솔연率然에 비유할 수 있으니, 솔연이란 상산常山에 있는 뱀이다. 그의 머리를 치면 꼬리가 달려들고, 꼬리를 치면 머리가 달려들고, 중간을 치면 머리와 꼬리가 함께 달려든다.

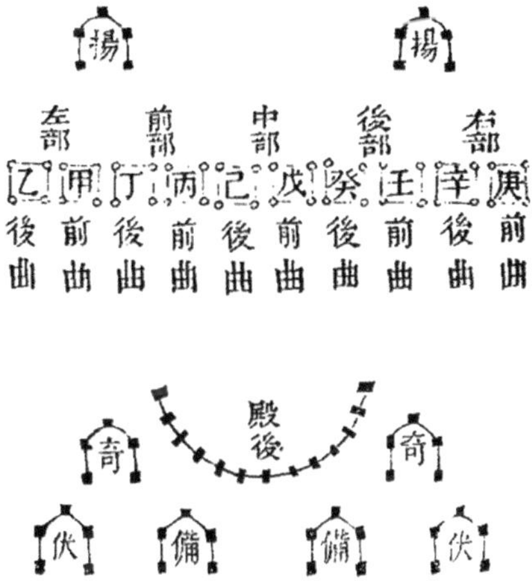

상산사진도常山蛇陣圖

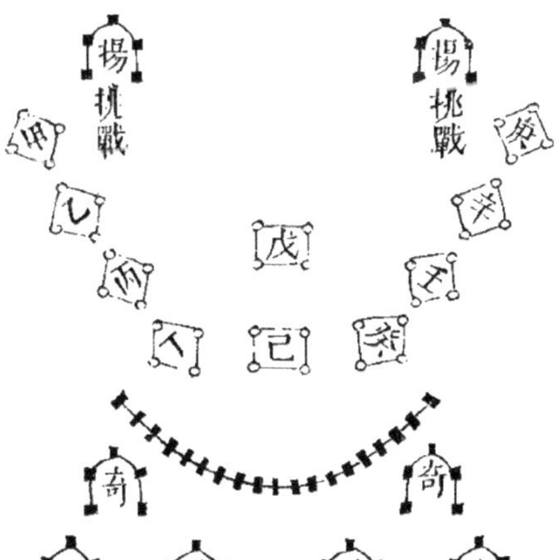

상산사수미상구도常山蛇首尾相救圖

감히 묻기를 "군대를 솔연이라는 뱀과 같게 할 수 있습니까?" 하니, 대답하기를 "가능하다. 월越나라 사람과 오吳나라 사람은 서로 미워하는 사이지만 한 배를 타고 물을 건너다가 풍랑을 만나면 양손처럼 서로 구원해준다. 이 때문에 말을 묶어놓고 수레바퀴를 땅에 묻어 달아나지 못하게 하더라도 믿을 수가 없으며, 병사들이 한마음으로 힘을 합해야 승리할 수 있으니, 용맹한 자와 겁이 많은 자를 하나로 단결시키는 것은 군정軍政의 도이고, 강한 자와 유약한 자가 모두 쓰임을 얻는 것은 처지가 그렇게 만드는 것이다. 그러므로 용병을 잘하는 자가 삼군의 무리를 마치 한 사람의 손을 잡고 부리는 것처럼 하는 것은, 이는 형세가 부득이하기 때문에 가능한 것이다."라고 하였다.

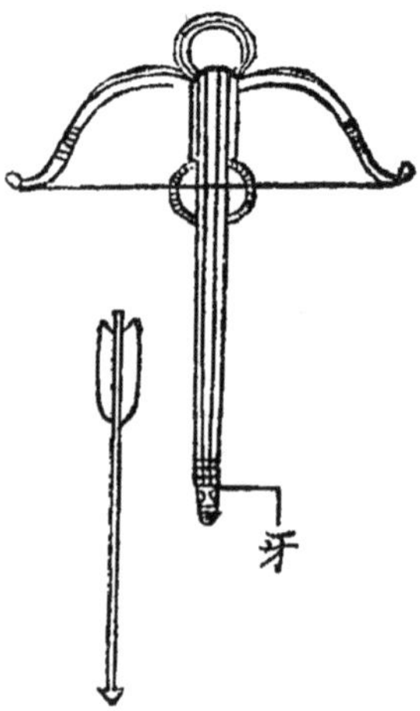

쇠뇌[弩]

장군의 일은 고요하고 그윽하며 바르고 엄정해야 한다. 병사들의 귀와 눈을 어리석게 만들어서 알지 못하게 하여야 하니, 일을 바꾸고 계책을 변경하여 병사들로 하여금 알지 못하게 하며, 주둔지를 바꾸고 길을 우회하여 병사들로 하여금 생각할 수 없게 하여야 한다. 그리하여 장수가 병사들과 기약하기를 마치 높은 곳에 올라가서 사다리를 제거하듯이 하고, 장수가 병사들과 함께 제후의 땅에 깊이 쳐들어가되 기아機牙를 발동하듯이 하여야 한다. 양떼를 몰듯 병사들을 몰고 가고 몰고 와서 가는 곳을 모르게 하여야 하니, 삼군의 무리를 모아서 위험한 곳으로 투입하는 것이 장군의 일이다.

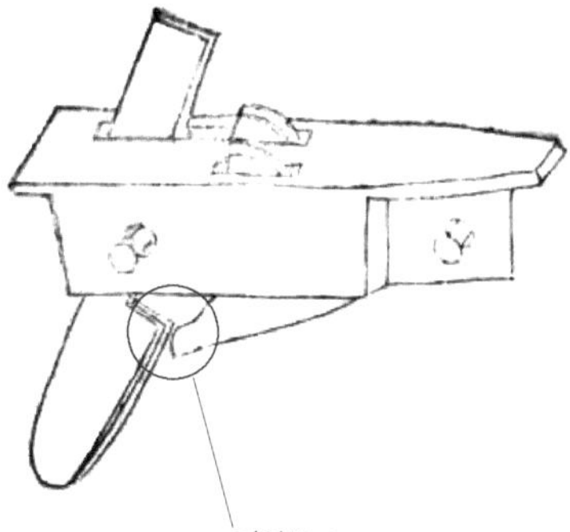

기아機牙

장수는 구지九地의 변통과 갈 곳이 없는 상황과 급히 싸우면 생존하는 상황〔屈伸〕에서의 이익과 인정의 이치를 살피지 않으면 안 된다.

무릇 적지에서 싸우는 방도는 적지에 깊이 쳐들어가면 병사들의 마음이 전일해지고, 얕게 들어가면 병사들의 마음이 흩어진다. 국도를 떠나 국경을 넘어 군대를 운용하는 곳은 절지絶地, 사방으로 통하는 곳은 구지衢地, 깊숙이 들어간 곳은 중지重地, 얕게 들어간 곳은 경지輕地, 뒤에 산을 등지고 협소한 땅을 앞에 둔 곳은 위지圍地, 갈 곳이 없는 곳은 사지死地이다.

이 때문에 산지散地에서는 내(장수)가 병사들의 마음을 통일시켜야 하고, 경지輕地에서는 내가 병사들로 하여금 부대가 끊이지 않고 연속되게 하여야 하고, 쟁지爭地에서는 내가 장차 적의 뒤로 달려가 공격해야 하고, 교지交地에서는 내가 수비를 철저히 하여야 하고, 구지衢地에서는 내가 외국과의 사귐을 견고히 하여야 하고, 중지重地에서는 내가 군량을 계속 확보하여야 하고, 비지圮地에서는 내가 빨리 다른 길로 진출하여야 하고, 위지圍地에서는 내가 적의 포위망의 빈 곳을 막아야 하고, 사지死地에서는 내가 병사들에게 필사의 각오를 보여주어야 한다.

그러므로 군대의 정상情狀은, 포위되면 적을 막고, 부득이하면 싸우고, 위급한 지역에 깊이 빠지면 장수가 가는 바를 따르는 것이다.

이 때문에 제후의 계책을 모르는 자는 미리 외국과 외교하지 못하고, 산림과 험준한 곳과 늪지대 등을 모르는 자는 군대를 출동시키지 못하고, 길잡이를 사용하지 않는 자는 지리를 얻지 못하는 것이다.

네 가지와 다섯 가지 중에 하나라도 알지 못하면 패자와 왕자의 군대가 아니다. 패자와 왕자의 군대가 큰 나라를 정벌하면 적의 무리가 모일 수 없고, 위엄을 적에게 가하면 적의 외교가 이루어질 수 없는 것이다. 이 때문에 적이 천하의 외교를 우리와 다투지 못하게 하고 천하의 권세를 우리처럼 기르지 못하게 하고서, 자신의 사사로운 야망을 펼쳐서 위엄을 적에게 가한다. 그러므로 적의 성을 함락할 수 있고 적의 수도를 허물 수 있는 것이다.

법에 없는 상을 시행하고, 정사政事에 없는 명령을 걸어놓아야 한다.

삼군의 무리를 부리되 한 사람을 부리듯이 하여야 하니, 일로써 부릴 적에는 처음에 계획한 것을 일러주지 말며, 이익으로써 부릴 적에는 병사들에게 해로움을 말해주지 말아야 한다. 병사들을 망할 땅에 투입해야 생존하고 사지에 빠뜨려야 살 수 있으니, 병사들은 해로운 곳에 빠진 뒤에야 승패를 결단할 수 있는 것이다.

그러므로 군대를 출동하는 일은, 적의 뜻을 순종하여 거짓으로 속는 체하여, 공격할 만한 틈을 발견하면 힘을 합해 전일한 마음으로 천 리를 달려가 적장을 죽이는 데 있으니, 이것을 일러 '공교하여 능히 일을 이룬다.'라고 하는 것이다. 이 때문에 군정軍政을 거행하는 날에는 관문을 폐쇄하고 신표를 꺾어버려서 적의 사신이 왕래하지 못하게 하여 우리의 계책이 적에게 노출되지 않도록 하고 조정에서 엄격히 통제하여 일을 다스리며, 적들이 성문을 열고 닫을 적에 반드시 빨리 쳐들이가서 석이 아끼는 곳을 먼저 공격하되 은밀히 시기에 맞추어 달려가고, 법도를 실천하고 적의 변화에 따라 전쟁하는 일을 결정하여야 한다. 이 때문에 처음엔 처녀와 같이 유순하게 행동하여 적들이 문을 열게 하고, 뒤에는 그물을 빠져나가는 토끼와 같이 신속히 행동하여 적이 미처 막지 못하게 하는 것이다.

제12편 화공법火攻法〔火攻〕

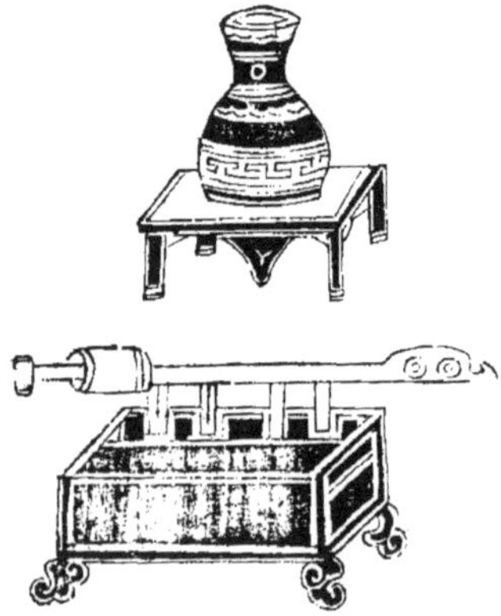

맹화유궤猛火油櫃

근세에 화공하는 방법이 크게 유행하여 전쟁에 반드시 불, 염초焰硝(화약의 원료), 유황, 독연毒煙, 맹화유猛火油(석유) 등의 재료를 사용하니, 이것들이 어찌 예전의 전투에 쓰던 묶은 갈대에 기름을 부어놓는 도구와 같으며, 지뢰와 대포와 화전火箭과 같은 병기가 어찌 쌓아놓은 식량과 꼴을 불태우고 적이 불을 끄는 빈틈을 타려는 것과 같겠는가. 더구나 또 달이 별자리에 걸려 있는 것에 구애하지 않고 내응하기를 기다리지 않고서, 우리가 불을 놓아 기염氣焰이 미치는 곳에 화염이 들에 가득하고 성에 가득한 경우이겠는가. 이는 예와 지금이 크게 달라진 것이다.

병기兵機가 변하면 운용도 이에 따라 변해야 하니, 이 편에서 논한 것은 옛 자취에 가깝다. 그러나 기지機智를 원활히 운용하는 인사人士가 방법에 구애받지 않고 그 뜻을 잘 미룬다면 또한 충분히 발명할 수 있을 것이다.

손자가 말하였다.

무릇 화공에 다섯 가지가 있으니, 첫 번째는 적의 진영을 불태우는 것이고, 두 번째는 적이 저축해놓은 것을 불태우는 것이고, 세 번째는 적의 치중輜重을 불태우는 것이고, 네 번째는 적의 창고를 불태우는 것이고, 다섯 번째는 적의 대오를 불태우는 것이다. 화공을 행할 때에는 반드시 날씨와 바람 등 기회를 타야 하고, 불을 놓는 도구는 반드시 평소에 장만해두어야 한다. 불을 놓는 것이 때가 있고 불을 일으키는 것이 날짜가 있으니, 때는 날씨가 건조해야 하고, 날짜는 달이 기수箕宿, 벽수壁宿, 익수翼宿, 진수軫宿에 있어야 하는데, 무릇 이 네 별이 달의 운행과 만나는 때가 바람이 일어나는 날찌이다.

이십팔수방위도二十八宿方位圖

화차火車

무릇 화공할 때에는 반드시 다섯 가지 불을 놓는 변화에 따라 대응하여야 하니, 불이 안에서 일어나면 즉시 밖에서 호응하여야 한다. 불이 타고 있는데도 적이 조용하면 관망하면서 공격하지 말고, 화력이 가장 거세게 타오를 때 싸울 만하면 싸우고 따라 싸울 만하지 않으면 중지하여야 한다. 불을 밖에서 일으킬 수 있으면 굳이 내응을 기다리지 말고 제때에 불을 놓아야 한다. 바람이 부는 위쪽으로 불을 놓아야 하고, 바람이 부는 아래쪽으로 불을 놓아 공격하지 말아야 한다. 바람은 낮에 일어나면 오래도록 그치지 않고 밤에 일어나면 곧바로 그친다.

모든 군대는 반드시 다섯 가지 불의 변화가 있음을 알고, 네 별의 운행하는 도수度數를 헤아려서, 화공으로 적을 공격할 뿐만 아니라 적의 화공도 막아야 한다. 그러므로 불로 공격을 돕는 것을 '명明'이라 하고, 물로 공격을 돕는 것을 '강强'이라 한다. 물로 적을 공격하면 적진을 끊을 수는 있으나, 화공처럼 적의 식량을 빼앗을 수는 없다.

싸워서 승리하고 공격하여 점령하였는데 공이 있는 자에게 상을 주지 않는 것은 흉하니, 이것을 '날짜를 허비하고 때를 지체함'

이라 한다. 그러므로 말하기를 "현명한 군주는 깊이 사려하고, 훌륭한 장수는 제때에 상을 주는 일을 거행한다."라고 한 것이다.

이로운 경우가 아니면 가볍게 출동하지 말고, 승리를 얻을 수 있는 경우가 아니면 함부로 용병하지 말고, 위태로운 경우가 아니면 가볍게 싸우지 말아야 하니, 군주는 노여움 때문에 군대를 일으켜서는 안 되고, 장수는 서운함 때문에 싸워서는 안 된다. 이익에 부합하면 출동하고, 이익에 부합하지 않으면 중지하여야 하니, 노여움은 뒤에 다시 기쁨이 될 수 있고 서운함은 뒤에 다시 즐거움이 될 수 있지만, 망한 나라는 다시 보존될 수 없고 죽은 장병들은 다시 살릴 수 없는 것이다. 그러므로 말하기를 "현명한 군주는 전쟁을 삼가고, 어진 장수는 싸움을 경계한다." 하였으니, 이는 나라를 편안히 하고 군대를 온전히 하는 방도이다.

제13편 간첩의 활용〔用間〕

'기幾'는 움직임〔動〕의 은미함이니, 길·흉이 먼저 나타나는 것이다. 심중心中에 쌓여 있으면서 밖에 드러나지 않는 경우는 없다. 이 때문에 곁눈질하는 것을 보면 그 말이 이미 누설되었음을 알고, 말을 함부로 하는 것을 들으면 상대방의 마음이 우리를 두려워함을 살필 수 있는 것이다. 이로써 미루어보면, 지혜가 밝은 자는 형체가 드러나지 않았을 때에 미리 보니 간첩을 필요로 하지 않고, 어리석은 자는 자기의 귀와 눈도 제대로 사용하지 못하니 하물며 간첩을 쓸 수 있겠는가.

그러나 재물을 탐하고 위엄을 두려워함은 사람의 정리상 면하기 어렵고, 말로 도발하고 얼굴빛으로 따름은 더욱 드러나기 쉬운 것이니, 간혹 간첩을 사용하되 올바른 사람을 쓰지 않으면 적국의 실정을 정탐하려고 하다가 도리어 자국의 실정이 적국에 알려지는 경우가 많다. 그러므로 "성스럽고 지혜로운 자가 아니면 간첩을 사용하지 못하고, 인의仁義한 자가 아니면 간첩을 사용하지 못하고, 미묘한 도를 아는 자가 아니면 간첩의 실제를 알지 못한다." 하였으니, 뒤에 간첩을 활용하는 자 또한 스스로 헤아림이 있어야 할 것이다.

손자가 말하였다.

무릇 10만 명의 군대를 일으켜서 천 리를 출정하게 되면, 백성들의 비용과 국가의 공급이 하루에 천금千金을 소비하고, 내외가 소란해지고 도로에서 지쳐서 농사일을 제대로 하지 못하는 농부가 70만 가호가 된다. 서로 몇 년 동안 대치하여 하루의 승리를 다투면서 관작과 녹봉과 백금百金을 아껴서 적의 실정을 알지 못하는 것은 지극히 불인不仁한 것이니, 백성의 장수가 아니요 군주의 보좌가 아니요 승리를 쟁취하는 주체가 아닌 것이다.

그러므로 명철한 군주와 어진 장수가 출동하면 적을 이겨서 성공하는 것이 보통 사람보다 뛰어나니, 이는 적의 실정을 미리 알기 때문이다. 적정敵情의 허실을 미리 아는 것은 귀신에게서 취할 수 없고 유사한 일에서 유추할 수 없고 일월성신日月星辰의 운행에서 징험할 수 없으니, 반드시 첩자에게서 취하여 적의 실정을 아는 것이다. 그러므로 간첩을 활용하는 것이 다섯 가지가 있으니, 향간鄕間, 내간內間, 반간反間, 사간死間, 생간生間이 그것이다. 다섯 가지 간첩이 함께 일어나서 그 방도를 알 수 없는 것을 '신묘한 기강紀綱'이라 이르니, 군주의 보배이다.

향간이란 그 고장의 사람을 첩자로 쓰는 것이요, 내간이란 그 나라의 벼슬한 사람을 이용하여 쓰는 것이요, 반간이란 적의 간첩을 이용하여 쓰는 것이요, 사간이란 밖에서 적을 속이는 일을 만들어내어 우리 간첩으로 하여금 이것을 알게 해서 적의 간첩에게 전달하는 것이요, 생간이란 살아 돌아와서 보고하는 것이다.

그러므로 삼군의 일 중에는 간사間使(적의 실정을 정탐하는 사자)보다 더 친애하는 일이 없고, 간사보다 더 후하게 상을 주는 경우가 없고, 간사보다 더 비밀스러운 일은 없는 것이다. 성스럽고 지혜로운 자가 아니면 간첩을 부리지 못하고, 어질고 의로운 자가 아니면 간첩을 쓰지 못하고, 미묘한 도를 아는 자가 아니면 간첩의 실제를 알지 못한다. 미묘하고 미묘하니, 간첩을 쓰지 않는 바가 없는 것이다. 간첩의 일이 드러나기 전에 먼저 알려진 경우에는, 들은 자와 알려준 자가 모두 죽는다.

무릇 공격하고자 하는 적군과 공격하고자 하는 적의 성과 죽이고자 하는 적의 장수나 모사에 대해서는, 반드시 먼저 그 지키는 장수와 측근과 알자謁者(알현할 때 안내하는 관리)와 문지기와 사인舍人(집사장)의 이름을 알아서 우리 간첩으로 하여금 반드시 그 사람들의 사정을 모두 알아내게 해야 한다. 동시에 우리 측에 와서 첩자노릇을 하는 적의 간첩을 반드시 모두 자세히 찾아내어, 이롭게 해주고 인도하여 머물게 하여야 한다. 그러므로 반간反間을 얻어 부릴 수가 있는 것이요, 이 반간을 통해 적의 실정을 알기 때문에 향간鄕間과 내간內間을 부릴 수 있는 것이요, 이 반간을 통해 적의 실정을 알기 때문에 사간死間이 속이는 일을 만들어내서 적에게 알릴 수 있는 것이요, 이 반간을 통해 적의 실정을 알기 때문에 생간生間을 약속이나 한 것처럼 이용할 수 있는 것이다.

다섯 가지 간첩의 일 모두를 군주가 반드시 알아야 하지만, 적의 실정을 아는 것은 반드시 반간에게 달려 있다. 그러므로 반간을 후대하지 않으면 안 되는 것이다.

이윤伊尹

강태공姜太公

옛날 은나라가 일어날 적에 이윤伊尹(B.C. 1649~B.C. 1549)이 하夏나라에 있었고, 주나라가 일어날 적에 강태공姜太公이 상商나라에 있었다. 그러므로 가장 뛰어난 지혜를 가진 사람을 이용하여 적의 간첩으로 삼을 수 있는 명철한 군주와 어진 장수는 반드시 큰 공을 이룬다. 이는 용병의 요체이며 이를 믿고 삼군이 출동하는 것이다.

오자병법
吳子兵法

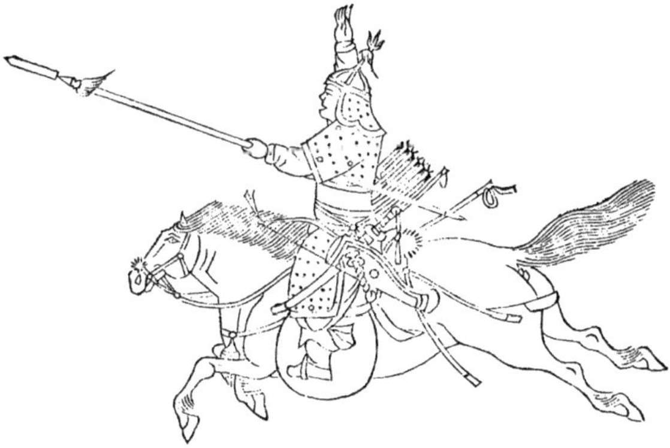

제1편 나라를 다스림을 도모함〔圖國〕

'도국圖國'은 나라를 다스림을 도모하는 것이니, 나라가 다스려져야 비로소 군대를 사용할 수 있다. 편 안에 '도국'이라는 두 글자가 있으므로 이를 편명篇名으로 삼았으니, 모두 8장이다.

1. 오기吳起가 선비의 복장을 차려 입고 군대의 일을 가지고 위魏나라 문후文侯(B.C. 472~B.C. 396)를 뵙자, 문후가 말하기를 "나는 군대에 관한 일을 좋아하지 않는다." 하였다.

오기가 말하였다.

"신臣은 드러난 일을 가지고 숨겨진 일을 점치고, 지나간 일을 가지고 미래를 살핍니다. 임금께서는 어찌하여 말씀과 마음이 서로 다르십니까?

지금 임금께서는 사시사철 짐승들의 가죽을 벗기고 갈라서 붉은 칠을 입히고 붉은색과 푸른색을 그리며 쇠를 녹여서 무소와 코끼리의 형상을 만들고 계십니다. 그런데 이것들은 추운 겨울철에 입으면 따뜻하지 않고, 무더운 여름철에 입어도 시원하지 않습니다.

그리고 2장丈 4척尺이나 되는 긴 창과 1장 2척 길이의 짧은 창을 만들며, 전차戰車는 문을 가릴 정도로 많은데, 바퀴와 바퀴통을 가죽으로 감싸게 하였습니다. 이것은 관상용으로 보기에는 화려하지 않고 사냥용으로 타기에는 가볍지 않으니, 군주께서는 이것을 어디에다 쓰시려는지 모르겠습니다.

만약 나아가 싸우고 물러나 지킬 도구를 갖추었다 하더라도 운용할 줄 아는 사람을 구하지 않는다면, 둥지에 엎드려 알을 품고 있는 암탉이 살쾡이와 싸우고, 새끼를 낳아 젖을 먹이는 어미개가 호랑이에게 대드는 것과 같아서, 비록 싸우려는 마음이 있어도 곧바로 죽게 될 것입니다.

옛날에 승상씨承桑氏라는 임금은 문덕文德만 닦고 무비武備를 폐하여 나라가 망하였고, 유호씨有扈氏라는 군주는 무력만 믿고 싸우기를 좋아하다가 나라를 잃었습니다. 현명한 군주는 이것을 거울삼아 안으로는 문덕을 닦고, 밖으로는 무비를 다스립니다.

그러므로 적을 만났는데도 진격하지 않으면 의義에 이를 수 없고, 죽은 병사의 시신이 있다 하여 슬퍼하기만 하면 인仁에 이를 수 없습니다."

이에 문후가 친히 자리를 펴고 부인이 술잔을 받들어 올려, 사당에 고유告由(중대한 일을 치른 뒤에 그 내용을 사당이나 신명에게 고하는 일)하고 오기를 대장으로 삼았다.

오기가 서하西河를 지키면서 제후들과 일흔여섯 번을 크게 싸웠는데, 온전히 승리한 것이 예순네 번이었고 나머지는 평화로운 방법으로 해결하였다. 이때 위魏나라가 사방으로 국토를 넓혀서 천 리의 넓은 땅을 개척하였으니, 이는 모두 오기의 전공戰功이었다.

2. 오자吳子가 말하였다.

"옛날에 나라를 다스림을 도모하는 자는 반드시 먼저 백성을 가르치고 만민을 친밀히 사랑하였다. 네 가지 화합하지 못하는 점이 있으니, 나라에서 화합하지 못하면 군대를 출동할 수 없고, 군대에서 화합하지 못하면 나아가 진陣을 칠 수 없고, 진영陣營에서 화합하지 못하면 나아가 싸울 수 없고, 싸움터에서 화합하지 못하면 승리할 수 없다.

이 때문에 도道가 있는 군주는 장차 백성을 전쟁에 쓰려 할 적에 먼저 백성들을 화합하게 하고 나서 큰일을 하는 것이다. 감히 사람들의 사사로운 계책을 믿지 않고, 반드시 선조의 사당에 고유하고 큰 거북점을 치고 천시天時를 참작하여 길한 뒤에야 비로소 군대를 출동하였다.

군주가 이처럼 병사 자신들의 목숨을 지극히 아끼고 자신들의 죽음을 애석하게 여긴다는 것을 알고서 함께 전란에 임하면, 병사들은 나아가 싸우다가 죽는 것을 영화롭게 여기고 후퇴하여 구차히 사는 것을 치욕으로 여긴다."

3. 오자가 말하였다.

"도道라는 것은 근본을 돌이켜서 처음을 회복하는 것이요, 의義라는 것은 일을 행하여 공을 세우는 것이다. 모謀는 해를 피하여 이익으로 나가는 것이요, 요要는 사업을 보전하고 성공을 지키는 것이다. 만약 행실이 도에 부합하지 않고 거동이 의에 부합하지 않으면서 높은 지위와 귀한 자리에 있으면 반드시 환난患難이 미친다.

이 때문에 성인은 도道로써 편안히 하고 의義로써 다스리고 예禮로써 행동하고 인仁으로써 어루만지는 것이니, 이 네 가지 덕德을 닦으면 홍성하고, 폐하면 쇠망하는 것이다.

그러므로 은殷나라의 탕왕湯王이 하夏나라의 걸왕桀王을 토벌하자 하나라 백성들이 기뻐하였고, 주周나라의 무왕武王이 은나라의 주왕紂王을 정벌하자 은나라 사람들이 비난하지 않았으니, 거사할 때에 천명天命과 인심人心에 순응하였으므로 그럴 수 있었던 것이다."

4. 오자가 말하였다.

"나라를 통제하고 군대를 다스릴 적에는 반드시 예로써 가르치고 의로써 격려하여, 부끄러워하는 마음이 있게 하여야 한다. 사람들이 부끄러워하는 마음이 있으면, 큰 나라는 충분히 싸울 수 있고, 약소국은 충분히 지킬 수 있는 것이다.

그러나 싸워서 이기기는 쉽지만, 싸우지 않고 지켜서 이기기는 어려운 것이다. 그러므로 이르기를 '천하의 싸우는 나라 가운데에서 다섯 번 승리한 자는 화를 당하고, 네 번 승리한 자는 피폐해지고, 세 번 승리한 자는 패자霸者가 되고, 두 번 승리한 자는 왕자王者가 되고, 한 번 승리한 자는 황제皇帝가 된다.'고 한 것이다. 이 때문에 여러 번 싸워서 천하를 얻은 자는 드물지만, 여러 번 싸워서 천하를 잃은 자는 많은 것이다."

5. 오자가 말하였다.

"무릇 군대를 일으키는 이유에는 다섯 가지가 있으니, 첫 번째는 명예를 다투는 것이고, 두 번째는 이익을 다투는 것이고, 세 번째는 악한 자를 정벌하는 것이고, 네 번째는 내란을 다스리는 것이고, 다섯 번째는 굶주린 틈을 타는 것이다.

그 명칭도 다섯 가지가 있으니, 첫 번째는 의로운 군대이고, 두 번째는 강한 군대이고, 세 번째는 사나운 군대이고, 네 번째는 포학한 군대이고, 다섯 번째는 민심을 거스르는 군대이다.

포학함을 금하고 혼란을 구제하는 것을 의로운 군대라 하고, 많은 병력을 믿고 약소국을 정벌하는 것을 강한 군대라 하고, 사사로운 분노 때문에 군대를 일으키는 것을 사나운 군대라 하고, 예를 버리고 이익을 탐하는 것을 포학한 군대라 하고, 나라가 혼란하고 백성들이 피로한데도 전쟁을 일으켜 군대를 동원하는 것을 거스르는 군대라 한다.

다섯 가지의 경우마다 각각 그 굴복시키는 방도가 있으니, 의로운 군대는 반드시 예로써 굴복시키고, 강한 군대는 반드시 겸손함으로써 굴복시키고, 사나운 군대는 반드시 사양함으로써 굴복시키고, 포학한 군대는 반드시 속임수로써 굴복시키고, 거스르는 군대는 반드시 형편에 따라 임기응변의 방도로써 굴복시켜야 한다."

6. 무후가 물었다.

"군대를 다스리고 적을 헤아리며 국가를 견고히 지키는 방법을 듣고자 하노라."

오기가 대답하였다.

"옛날 명철한 임금은 반드시 군신간의 예의를 삼가고 상하간의 의식儀式을 잘 정돈하여 관리와 백성들을 편안하게 하고 풍속을 따라 가르치며, 재능이 뛰어나고 용감한 병사들을 선발하고 모집하여 비상사태에 대비하였습니다.

옛날에 제 환공齊桓公(B.C. 716~B.C. 643)은 5만 명의 병사를 모집하여 제후 중에 패자가 되었고, 진 문공晉文公(B.C. 697~B.C. 628)은 용감하게 앞장서는 병사 4만 명을 불러 모아 자신의 뜻을 이루었고, 진 목공秦穆公(B.C. 682~B.C. 621)은 적진을 무찌르는 병사 3만 명을 두어서 이웃의 적국을 복종시켰습니다.

그러므로 강한 나라의 임금은 반드시 그 백성을 잘 헤아리니, 백성 중에 담력과 용맹과 기운과 힘이 센 자를 모아 한 부대를 만듭니다. 출전하기를 좋아하고 힘을 바쳐 자기의 충성과 용맹을 드러내려 하는 자를 모아 한 부대를 만듭니다. 높고 먼 곳을 잘 뛰어넘고 발이 가벼워 잘 달리는 자를 모아 한 부대를 만듭니다. 임금의 신하 중에 지위를 잃고 윗사람에게 공로를 드러내고자 하는 자를 모아 한 부대를 만듭니다. 옛 성을 버리고 지키던 곳에서 도망하였다가 자신의 치욕을 씻고자 하는 자를 모아 한 부대를 만듭니다. 이 다섯 가지는 모두 부대의 훈련이 잘된 정예병입니다.

이러한 병력 3천 명을 보유하여 안에서 출동하면 적의 포위망을 뚫을 수 있고, 밖에서 공격하면 적의 성城을 무찌를 수 있습니다."

7. 무후가 말하였다.

"진영을 반드시 안정되게 하고 반드시 견고하게 지키고 싸움에서 반드시 승리하는 방도를 듣기 원하노라."

오기가 대답하였다.

"지금 당장 볼 수도 있는데, 어찌 다만 듣는 것뿐이겠습니까. 임금이 어진 자를 윗자리에 있게 하고 못나고 어리석은 자를 아랫자리에 있게 하면, 진영이 이미 안정된 것입니다. 백성들이 농지와 가택을 편안히 여기고 책임자를 친밀히 사랑하면, 이미 견고하게 지키고 있는 것입니다. 백성들이 모두 우리 임금을 옳게 여기고 이웃 나라를 그르다고 여기면, 싸움에 이미 승리한 것입니다."

8. 무후가 일찍이 일을 도모할 적에 여러 신하들의 식견이 임금에게 미치지 못하였다. 조회가 끝난 후 무후는 기뻐하는 기색이 있었다.

오기가 나아가 아뢰었다.

"옛날 초楚나라 장왕莊王(미상~B.C. 591)이 일찍이 일을 도모할 때에 여러 신하들이 임금에게 미치지 못하였는데, 조회가 끝나자 장왕은 근심하는 기색이 있었습니다. 이때 신공申公이 장왕에게 묻기를 '임금께서 근심하는 기색이 있으니 무슨 까닭입니까?' 하니, 장왕이 대답하기를 '내 들으니 「세상에는 성인聖人이 없지 않고 나라에는 현자賢者가 없지 않으니, 능히 훌륭한 스승을 얻는 자는 왕자王者가 되고 능히 훌륭한 벗을 얻는 자는 패자霸者가 된다.」 하였다. 지금 과인은 재주가 없는데도 여러 신하들 중 나에게 미치는 자가 없으니, 초나라가 장차 위태로워질 것이다.' 하였습니다. 이는 초나라 장왕이 근심했던 바인데, 지금 임금께서는 이를 기뻐하시니, 신은 속으로 두렵습니다."

이에 무후가 부끄러워하는 기색을 보였다.

제2편 적에 대한 판단〔料敵〕

'적에 대한 판단〔料敵〕'이란 적의 강하고 약함과 허虛하고 실實함의 형세를 헤아리는 것이다. 앞 편에서는 국가를 도모하는 것을 말하였으니 이는 자기를 아는 것이요, 이 편에서는 적을 헤아리는 것을 말하였으니 이는 상대방을 아는 것이다. 편 안에 '요적'이라는 두 글자가 있으므로 이를 편명으로 삼았으니, 모두 4장이다.

1. 무후가 오기에게 물었다.

"지금 진秦나라가 우리의 서쪽을 위협하고, 초楚나라가 우리의 남쪽을 띠처럼 둘러싸고 있으며, 조趙나라가 우리의 북쪽 지방을 요충지要衝地로 삼고 있다. 제齊나라가 우리의 동쪽에 군림하고 있으며, 연燕나라가 우리의 배후를 차단하고, 한韓나라가 우리의 전면을 가로막고 있다. 이와 같이 여섯 나라의 군대가 사방으로 우리를 포위하여 형세가 매우 불편하다. 나는 이를 우려하는데, 어찌해야 되겠는가?"

오기가 대답하였다.

"국가를 편안하게 하는 방도는 미리 경계하여 대비하는 것이 가장 소중합니다. 지금 임금께서 이미 경계하고 계시니, 자연히 화가 멀어질 것입니다.

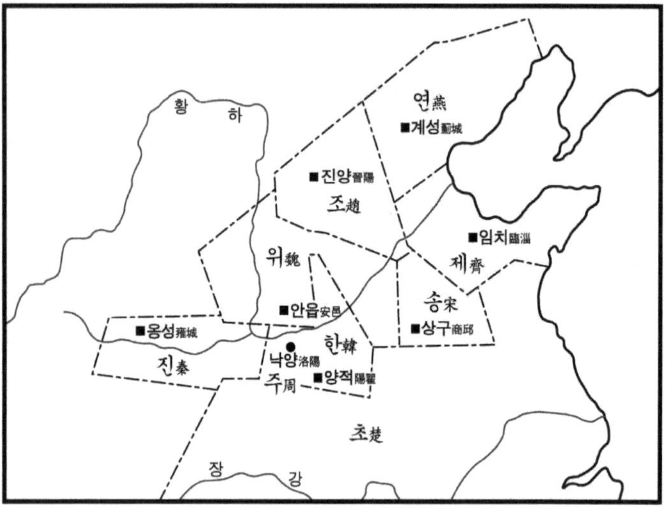

춘추春秋 말기 형세도

신이 여섯 나라 군대의 습속習俗을 한번 말씀드리겠습니다. 제나라 군대는 진영이 중후하나 견고하지 못하고, 진나라 군대는 진영이 분산되어 개별 전투를 잘하고, 초나라 군대는 진영이 정돈되었으나 지구력이 부족하고, 연나라 군대는 진영을 잘 지켜 쉽사리 퇴각하지 않습니다. 삼진三晉, 즉 조나라와 한나라 군대는 진영이 잘 다스려져 있으나 병력을 잘 활용하지 못합니다.

제나라 사람들은 성질이 억세고 나라가 부유해서 임금과 신하가 교만하고 사치하여 백성들에게 소홀합니다. 정사는 너그럽지만 녹봉이 공평하지 못하여, 한 진영이 두 마음을 품어 전방은 중후하나 후방은 취약합니다. 그러므로 중후하나 견고하지 못한 것입니다. 이들을 공격하는 방도는, 반드시 우리 군대를 셋으로 나누어서 제나라 군대의 왼쪽과 오른쪽을 포위 공격하고 위협하여 쫓아야 합니다. 이렇게 하면 그 진영을 격파할 수 있습니다.

진나라 사람들은 성질이 강인하고, 지형地形이 험합니다. 정사가 엄격하고 상벌이 분명하며 사람들이 겸양謙讓하지 않아서, 모두가 싸울 마음을 갖고 있으므로 진영이 분산된 상태의 개별 전투를 잘합니다. 이들을 공격하는 방도는, 반드시 먼저 그들에게 이익이 될 만한 미끼를 던져주고서 군대를 이끌고 떠나가는 것입니다. 진나라 병사들이 이익을 탐하여 그 장수의 통제에서 벗어나면, 그 어긋난 틈을 타서 흩어지는 자들을 공격하고 매복을 설치하여 기회를 틈타 공격해야 합니다. 이렇게 하면, 그 장수를 잡을 수 있습니다.

초나라 사람들은 성질이 나약하고, 영토가 광활합니다. 정사가 어지럽고 백성들이 피로하였으므로 진영이 정돈되었으나 지구력이 부족합니다. 이들을 공격하는 방도는, 주둔한 적군을 습격하여 혼란시켜서 먼저 적의 기세를 꺾고, 재빠르게 전진과 후퇴를 거듭하여 적을 지치고 수고롭게 하면서 저들과 다투거나 싸우지 말아야 합니다. 이렇게 하면 그 군대를 패퇴시킬 수 있습니다.

연나라 사람들은 성질이 질박하고 백성들이 신중하며 용맹과 의리를 좋아하고 속임수가 적습니다. 그러므로 진영을 잘 지켜 쉽사리 퇴각하지 않습니다. 이들을 공격하는 방도는, 막아서 압박하고 짓밟아 멀리 추격하고 달려가서 뒤를 습격하여 윗사람은 의구심疑懼心을 갖고 아랫사람은 두려워하며 우리의 전차戰車와 기마병을 조심하여 반드시 길을 피하게 하는 것입니다. 이렇게 하면 적의 장수를 사로잡을 수 있을 것입니다.

삼진인 조나라와 한나라는 중국의 중앙입니다. 이들은 성질이 온화하고 정사가 공평하지만 백성들이 전투에 지쳐 있습니다. 병사들이 전쟁에 익숙하여 자기의 장수를 가벼이 여기고 녹봉을 하찮게 여겨서, 결사적으로 싸울 마음이 없습니다. 그러므로 진영이 질서정연하게 잘 다스려져 있으나 병력을 잘 활용하지 못합니다. 이들을 공격하는 방도는, 적의 진영을 가로막고 압박해서 군대가 오면 막아내고 물러가면 추격하여 그 군대를 지치게 하는 것입니다. 이것이 그 형세입니다.

이렇게 하려면 1군軍 가운데에 반드시 맹호猛虎처럼 굳센 용사가 있어야 합니다. 이들의 힘은 큰 가마솥을 가볍게 들 수 있고 걸음은 군마軍馬보다도 빠르며, 적의 깃발을 뽑아 오고 적장을 사로잡아 올 수 있어야 합니다. 이러한 사람들을 선발하여 특별히 대우하고 아끼고 귀하게 여겨야 합니다. 이들을 일러 삼군의 운명을 결정해줄 인재라 하는 것입니다. 이중에 도刀·검劍·모矛·극戟·궁시弓矢의 다섯 가지 병기를 잘 다루고 재주와 힘이 뛰어나고 몸이 빠르면서도 적을 산 채로 집어삼킬 만한 투지를 지닌 자들을, 반드시 그 작위와 반열을 높여주어야 합니다. 이렇게 하면 승리를 결정지을 수 있을 것입니다.

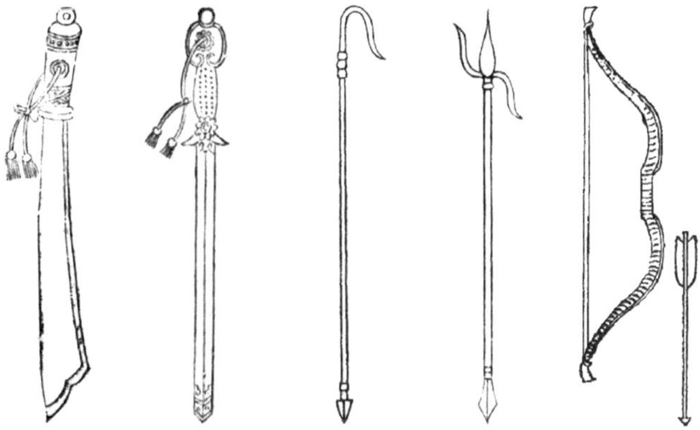

도刀 검劍 모矛 극戟 궁시弓矢

그들의 부모와 처자식들을 후대하고 또 상賞으로 권면하고 장려하며 징벌懲罰로 두렵게 해야 합니다. 이들은 견고한 진영을 굳게 지키는 병사들이라 함께 오랫동안 버텨 싸울 수 있습니다. 능히 이것을 잘 살펴서 헤아린다면 이들은 갑절이나 많은 적을 공격할 수 있습니다."

무후는 "좋은 말이다."라고 칭찬하였다.

2. 오자가 말하였다.

"무릇 적을 헤아릴 적에 점을 치지 않고서도 확신을 가지고 적과 싸워야 할 경우가 여덟 가지가 있습니다.

첫 번째는, 적이 세찬 바람과 호된 추위의 악천후에도 불구하고 일찍 일어나 잠을 깨자마자 옮겨가거나, 얼음을 깨고 물을 건너면서도 그 어려움을 꺼리지 않는 경우이다.

두 번째는, 적이 한여름 무더위에도 불구하고 늦게 일어나서 한가로운 틈이 없거나, 행군하고 말을 달려 굶주리고 목이 마른데도 애써서 먼 길을 가는 경우입니다.

세 번째는, 적군이 이미 오랫동안 지체하여 식량이 다 떨어져 병사들이 원망하고 분노하며 요망스럽고 불길한 일이 자주 일어나는데도 윗사람이 이를 제지하지 못하는 경우입니다.

네 번째는, 적의 군수물자가 고갈되고 땔감과 꼴이 부족하며, 날씨가 음산하고 비 오는 날이 많아서 노략질하려고 해도 할 곳이 없는 경우입니다.

다섯 번째는, 적의 병력이 많지 않고 물길과 지형이 편리하지 못하며, 사람과 말이 전염병에 걸리고 사방 이웃의 구원이 이르지 못하는 경우입니다.

여섯 번째는, 길이 멀고 날이 저물어 적의 군사들이 수고롭고 두려워하여 지쳐 있는데도 밥을 먹지 못한 채 갑옷을 풀어놓고 휴식하는 경우입니다.

일곱 번째는, 적의 장수가 경박하고 장교들이 경솔하며 병사들의 자세가 견고하지 못하여 삼군이 자주 놀라고 다른 부대의 지원이 없는 경우입니다.

여덟 번째는, 적군의 대오가 안정되지 못하고 주둔할 곳이 갖춰지지 못하였으며, 산비탈을 행군하고 험한 곳을 건너갈 때에 반은 은폐되고 반은 노출된 경우입니다.

이와 같은 경우에는 모두 의심하지 말고 공격해야 합니다.

점을 치지 않고서도 확신을 가지고 적과의 싸움을 피해야 할 경우는 여섯 가지가 있습니다.

첫 번째는, 적의 영토가 광대하고 백성이 많은 경우입니다.

두 번째는, 적국의 윗사람이 아랫사람을 사랑하여 널리 은혜를 베푸는 경우입니다.

세 번째는, 적군이 상벌이 분명하고, 출동을 반드시 제때에 하는 경우입니다.

네 번째는, 적군이 전쟁에 공이 있는 자를 높은 반열에 두며, 어진 자에게 임무를 맡기고 능한 자를 부리는 경우입니다.

다섯 번째는, 적의 병력이 많고 병기와 갑옷이 정예로워서 싸움에 유리한 경우입니다.

여섯 번째는, 적군이 사방 이웃의 도움을 받고 강대국의 지원이 있는 경우입니다.

무릇 이것이 적보다 못하면 의심하지 말고 적을 피해야 하니, 이른바 '가능함을 발견하면 전진하고 어려움을 알면 후퇴한다.'는 것입니다."

3. 무후가 물었다.

"내가 적의 외부 상황만 보고도 내부 사정을 알고 적의 전진 상황을 살펴 멈추는 상황을 예측해 승부를 결정하려고 하니, 이에 대해서 들을 수 있겠는가?"

오기가 대답하였다.

"적이 쳐들어올 적에 움직임이 경솔하여 사려가 없고 깃발이 번거롭고 혼란하며 사람과 말이 자주 돌아보면, 적은 병력으로 열 배나 많은 적군을 공격할 수 있으니, 반드시 적으로 하여금 손발을 둘 곳이 없게 만들 수 있습니다.

제후들이 협조하여 모이지 않고 적국의 임금과 신하가 화합하지 못하며, 해자와 보루가 정돈되지 못하고 금령禁令이 제대로 시행되지 못해서, 삼군의 동태가 흉흉하여 전진하려고 해도 전진하지 못하고 후퇴하려고 해도 후퇴하지 못하면, 절반의 군대로 갑절이나 되는 적을 공격할 수 있으니, 백 번 싸워도 위태롭지 않습니다."

4. 무후가 적을 반드시 공격할 수 있는 방도를 묻자, 오기가 대답하였다.

"군대를 운용할 적에는, 반드시 적의 허와 실을 잘 살펴서 그 위태로운 곳으로 달려가야 합니다.

적이 먼 길을 달려와 막 도착해서 대오가 아직 안정되지 못했으면 공격할 수 있으며, 이미 밥을 먹었으나 수비책을 갖추지 못했으면 공격할 수 있습니다. 병사들이 분주하여 무질서하면 공격할 수 있으며, 피로에 지쳐 있으면 공격할 수 있습니다.

지형의 편리함을 얻지 못했으면 공격할 수 있으며, 때를 놓쳤으면 공격할 수 있습니다. 먼 길을 달려와 뒤의 대오가 아직 쉬지 못했으면 공격할 수 있으며, 물을 절반쯤 건넜으면 공격할 수 있습니다. 길이 험하고 좁으면 공격할 수 있으며, 깃발이 무질서하게 움직이면 공격할 수 있습니다. 진영이 자주 이동하면 공격할 수 있으며, 적의 장수가 병사들과 떨어져 있으면 공격할 수 있고, 적이 공포심을 품고 있으면 공격할 수 있습니다.

이와 같은 경우에는 정예병을 선발하여 충돌하고, 병력을 나누어 계속해서 의심하지 말고 급히 공격해야 합니다."

제3편 군사훈련 방법〔治兵〕

'군사훈련 방법〔治兵〕'이란 병사들을 정돈하고 다스려서 그들로 하여금 혼란하지 않게 하는 것이다. 군대가 다스려지면 승리하고 다스려지지 못하면 스스로 패하게 되는데, 하물며 남과 싸울 수 있겠는가. 편 안에 모두 군대를 다스리는 방도를 논하였으므로 이를 편명으로 삼았으니, 모두 8장이다.

1. 무후가 물었다.

"용병하는 방도에 있어서 무엇을 우선시하여야 하는가?"

오기가 대답하였다.

"먼저 네 가지 가벼움과 두 가지 소중함과 한 가지 신임을 밝히는 것입니다."

무후가 다시 물었다.

"이는 무엇을 말하는가?"

오기가 대답하였다.

"땅이 말을 가볍게 여기도록 하고, 말이 수레를 가볍게 여기도록 하고, 수레가 사람을 가볍게 여기도록 하고, 사람이 싸움을 가볍게 여기도록 하는 것입니다.

지형이 험하고 평탄함을 분명히 알면 땅이 말을 가볍게 여기며, 제때에 꼴을 먹이면 말이 수레를 가볍게 여기게 됩니다. 굴대에 충분히 기름칠을 하면 수레가 사람을 가볍게 여기며, 칼날이 예리하고 갑옷이 견고하면 병사들이 싸움을 가볍게 여기게 됩니다.

앞으로 나아가면 큰 상이 있고 뒤로 물러나면 무거운 형벌이 있게 하여 이를 신의로써 행해야 하니, 이를 잘 살펴서 통달하면 승리하는 주체가 될 것입니다."

2. 무후가 물었다.

"군대는 무엇으로써 승리하는가?"

오기가 대답하였다.

"다스림으로써 승리하는 것입니다."

무후가 또다시 물었다.

"병력이 많음에 달려있지 않은가?"

오기가 대답하였다.

"만약 법도와 호령이 분명하지 않고 상벌에 믿음이 없어서, 징을 쳐도 병사들이 싸움을 멈추지 않고 북을 쳐도 전진하지 않는다면, 비록 백만 명의 병력이 있더라도 어찌 이를 운용함에 유익함이 있겠습니까?

이른바 다스림이라는 것은 평상시에는 예禮가 있고 움직임엔 위엄이 있어 전진하면 적이 당해내지 못하고 후퇴하면 적이 추격하지 못하는 것입니다. 진퇴에 절도가 있고 좌우로 이동함에 병사들이 모두 깃발에 응하여, 비록 대오가 끊기더라도 진영을 이루고, 비록 해산하더라도 항렬을 이룹니다. 그리하여 병사들과 함께 편안하고 병사들과 함께 위태로워, 그 병력을 모을 수는 있으나 분리시킬 수는 없으며, 운용할 수는 있으나 지치게 할 수가 없어서, 병력을 투입하여 가는 곳마다 천하가 당해내지 못하는 것이니, 이것을 이름하여 '부자父子의 군대'라고 하는 것입니다."

3. 오자가 말하였다.

"무릇 행군하는 방도는 나아가고 멈추는 절도를 거스르지 않고, 마시고 먹는 적절함을 잃지 않고, 사람과 말의 힘을 단절되지 않게 하는 것이다. 이 세 가지는 윗사람의 명령을 감당하는 것이니, 병사들이 윗사람의 명령을 감당하면 다스림이 이로 말미암아 생겨나는 것이다.

만약 나아가고 멈추는 것이 절도가 없고, 마시고 먹는 것이 적절하지 못하며, 말이 피곤하고 사람이 지쳐있는데도 안장을 풀고 쉬게 하지 않으면, 윗사람의 명령을 감당하지 못하게 되니, 윗사람의 명령이 무너지고 나면 주둔해있을 경우에는 혼란하고 싸울 경우에는 패한다."

4. 오자가 말하였다.

"무릇 군대가 싸우는 전쟁터는 시신이 쌓여있는 곳이니, 반드시 죽을 각오로 싸우면 살고 살기를 바라면 죽는다. 병력을 잘 통솔하는 장수는 물이 새는 배의 한 가운데에 앉아있는 것과 같이 행동하고 불타는 지붕 밑에 엎드려있는 것과 같이 행동하여, 지혜로운 적으로 하여금 미처 도모하지 못하게 하고 용감한 적으로 하여금 미처 분발하지 못하게 하니, 이렇게 함으로써 적을 받아들여 싸우는 것이 가능하다.

그러므로 말하기를 '용병의 가장 큰 폐해는 망설여 머뭇거리는 것이 가장 크고 삼군의 재앙은 여우처럼 의심하는 데에서 생긴다.' 하였다."

5. 오자가 말하였다.

"사람들은 항상 능하지 못한 데에서 죽고 익숙지 못한 데에서 패한다. 그러므로 용병하는 방법에 있어서는 병사를 가르치고 경계하는 것이 우선이다. 병사 한 명이 전투하는 방법을 배우면 그가 다른 병사를 가르쳐서 열 명을 이룰 수 있다. 열 명이 전투하는 방법을 배우면 그들이 다른 병사를 가르쳐서 백 명을 이룰 수 있고, 백 명이 전투하는 방법을 배우면 그들이 다른 병사를 가르쳐서 천 명을 이룰 수 있다. 천 명이 전투하는 방법을 배우면 그들이 다른 병사를 가르쳐서 만 명을 이룰 수 있고, 만 명이 전투하는 방법을 배우면 그들이 다른 병사를 가르쳐서 삼군을 이룰 수 있는 것이다.

가까운 곳에서 온 군대를 거느리고 멀리서 행군해 오는 적을 기다리고, 편안한 군대를 거느리고 지친 적을 기다리며, 배부른 군대를 거느리고 굶주린 적을 기다려야 한다.

둥근 모양의 진영을 네모나게 만들고, 앉았다가 일어나고 가다가 멈추며, 왼쪽으로 가다가 오른쪽으로 방향을 바꾸어가고, 앞으로 나아가다가 뒤로 물러가며, 나뉘었다가 합치고 뭉쳤다가 흩어지는데, 매번 변하는 것을 보고서 모두 익혀야 비로소 병사들에게 병기를 나누어 줄 수 있으니, 이것을 장수의 일이라 한다."

6. 오자가 말하였다.

"전투를 가르치는 명령은 다음과 같이 하여야 한다.

키가 작은 사람에게는 창과 두 갈래진 창을 잡게 하고, 키가 큰 사람에게는 활과 쇠뇌를 잡게 한다. 힘이 강한 사람에게는 깃발을 잡게 하고, 용감한 사람에게는 징과 북을 잡게 한다. 약한 사람에게는 말을 먹이게 하거나 병사들의 급식을 담당하게 하며, 지혜로운 사람에게는 계책을 도모하는 주체가 되게 해야 한다.

같은 고을 사람들이 서로 친히 지내게 하고 십什(10명)과 오伍(5명)가 서로 보호하게 하도록 해서, 한 번 북을 치면 병기를 정돈하고, 두 번 북을 치면 진 치는 방법을 익히고, 세 번 북을 치면 밥 먹으러 달려가고, 네 번 북을 치면 행장을 엄격히 챙기고, 다섯 번 북을 치면 항렬로 나아가게 해야 하니, 북소리를 듣고 모인 뒤에 깃발을 들어야 하는 것이다."

7. 무후가 물었다.

"삼군이 나아가고 멈춤에 있어서 어찌 방도가 있지 않겠는가."

오자가 대답하였다.

"천조天竈와 용두龍頭를 맞닥뜨리지 말아야 하니, 천조는 큰 골짜기의 입구이고 용두는 큰 산의 끝자락입니다.

반드시 왼쪽에는 청룡기靑龍旗, 오른쪽에는 백호기白虎旗, 앞에는 주작기朱雀旗, 뒤에는 현무기玄武旗가 있어야 합니다. 위에 초요기招搖旗를 두고 아래(청룡·백호·주작·현무)에서 초요기의 지휘를 받게 해야 합니다.

장차 전투하려고 할 때에는 바람이 어디로부터 불어오는가를 자세히 살펴야 하니, 순풍이 불면 함성을 지르며 쫓아가 싸우고, 역풍이 불면 진영을 견고히 하고서 기다려야 합니다."

기旂 기旗 여旟 조旐 초요招搖

8. 무후가 물었다.

"수레의 멍에를 끄는 기마騎馬를 기르는 데에는 어떠한 방도가 있는가?"

오자가 대답하였다.

"말은 반드시 거처를 편안히 해주고 물과 꼴을 적절하게 주어, 굶주리지도 않고 배부르지도 않게 조절해주어야 합니다. 겨울에는 마구간을 따뜻하게 해주고 여름에는 마구간을 시원하게 해주어야 합니다. 털과 말갈기를 깎아주고 네 발굽을 조심스레 잘라주며, 귀와 눈을 편안하게 하여 놀라는 일이 없게 하고, 달리고 쫓는 것을 익히고 나아가고 멈추는 훈련을 시켜 익숙해지게 해야 하니, 사람과 말이 서로 친숙한 뒤에야 부릴 수 있는 것입니다.

수레의 멍에를 끄는 기마의 도구는 안장, 굴레, 재갈, 고삐를 반드시 완전하고 견고하게 해야 합니다. 말은 부리는 끝에 다치는 것이 아니고 반드시 처음에 다치며, 굶주릴 때에 탈이 나는 것이 아니고 반드시 배부를 때에 탈이 납니다. 해가 저물고 갈 길이 멀면 반드시 말에서 자주 내려서 차라리 사람이 수고로울지언정 절대로 말을 지치게 해서는 안 되며, 항상 말이 여력餘力을 지니게 하여 불시에 습격하는 적을 대비해야 합니다. 이러한 이치를 분명히 아는 자는 천하를 거침없이 누비고 다닐 수 있습니다."

제4편 장수將帥의 자질에 대한 논평〔論將〕

'장수의 자질에 대한 논평〔論將〕'은 장수의 도리를 논평한 것이다. 편 안에 적장의 능하고 능하지 못함을 겸하여 논해서 승리를 쟁취하는 방도로 삼았는데, 여기에 '논장'이라는 두 글자가 있으므로 이를 편명으로 삼았으니, 모두 5장이다.

1. 오자가 말하였다.

"문文과 무武를 총괄하는 것은 삼군의 장수이고, 강剛과 유柔를 겸하는 것은 군사를 운용하는 일이다.

보통 사람들은 장수의 도리를 논할 적에 항상 용맹함을 가지고 장수를 관찰하는데, 용맹은 장수에게 있어서 몇 분의 일에 불과할 뿐이다. 용맹한 자는 반드시 경솔하게 적과 교전하니, 우리가 유리한 점을 알지 못하고 경솔하게 교전해서는 안 된다.

그러므로 장수가 신중히 여겨야 할 일이 다섯 가지가 있으니, 첫 번째는 다스림이요, 두 번째는 대비함이요, 세 번째는 과감함이요, 네 번째는 경계함이요, 다섯 번째는 간략함이다.

다스림이란 많은 병력을 마치 적은 병력을 다스리는 것처럼 자유자재로 통제하는 것이다. 대비함이란 문을 나서면서 마치 적을 만난 듯이 조심하는 것이다. 과감함이란 적과 마주하여 살겠다는 마음을 품지 않는 것이다. 경계함이란 적과 싸워 비록 승리하였더라도 처음 싸울 때처럼 조심하는 것이다. 간략함이란 법령이 간단하여 번거롭지 않은 것을 말한다.

출정 명령을 받으면 집에 하직을 고하지 않고 떠나며, 적을 격파한 뒤에야 돌아올 것을 말함이 장수의 예이다.

그러므로 군대가 출동하는 날에는 영광스러운 죽음만 있고 치욕스러운 삶은 없는 것이다."

2. 오자가 말하였다.

"무릇 군대에는 네 가지 기틀이 있다. 첫 번째는 기기氣機 즉 장병의 사기와 투지 등 심리적 기틀이고, 두 번째는 지기地機 즉 작전 전개 지역의 험난함과 평탄함 등 지리적 기틀이고, 세 번째는 사기事機 즉 작전계획의 적절성 여부에 관련된 일의 기틀이고, 네 번째는 역기力機 즉 군비상태와 훈련정도 등 힘의 기틀이다.

삼군의 무리와 백만의 군대에 있어서 일의 경중에 따라 적절히 형세를 펼치는 것이 장수 한 사람의 결정에 달려있으니, 이것을 '심리적 기틀〔氣機〕'라 한다. 좁고 험한 도로와 유명한 산과 큰 요새에 열 명이 지키고 있으면 천 명이 통과하지 못하니, 이것을 '지리적 기틀〔地機〕'라 한다. 간첩을 잘 이용하고 경무장한 군대로 빠르게 왕래하여 적의 무리를 분산시켜서, 적의 군주와 신하가 서로 원망하게 하고 상하가 서로 비방하게 해야 하니, 이것을 '일의 기틀〔事機〕'라 한다. 수레는 굴레의 빗장을 견고히 하고 배는 노를 편리하게 하며, 병사들은 싸우고 진을 치는 것을 익히고, 말은 달리고 쫓는 것을 잘하게 해야 하니, 이것을 '힘의 기틀〔力機〕'이라 한다. 이 네 가지를 알아야 비로소 장수가 될 수 있는 것이다.

그러나 위엄과 덕망, 인자함과 용맹함이 반드시 아랫사람을 통솔하고 여러 사람을 편안하게 할 수 있어야 한다. 적에게 두려움을 느끼게 하고 미심쩍은 것을 결단할 수 있어서, 명령을 시행하면 아랫사람들이 감히 범하지 못하고, 주둔하고 있으면 적이 감히 대적하지 못한다. 그리하여 그를 얻으면 나라가 강해지고 그가 떠나면 나라가 망하니, 이를 '훌륭한 장수'라고 한다."

3. 오자가 말하였다.

"작은 북과 큰 북, 징과 방울은 병사들의 귀를 두렵게 하는 것이고, 정기旌旗와 휘치麾幟는 병사들의 눈을 두렵게 하는 것이며, 금령禁令과 형벌은 병사들의 마음을 두렵게 하는 것이다.

큰 북〔鼙〕

작은 북〔鼓〕

징〔金〕

방울〔鐸〕

귀는 소리를 두려워하니 깨끗하게 하지 않을 수 없고, 눈은 색깔을 두려워하니 분명하게 하지 않을 수 없고, 마음은 형벌을 두려워하니 엄격하게 하지 않을 수 없는 것이다.

이 세 가지가 확립되지 못하면 비록 그 나라를 소유하였더라도 반드시 적에게 패할 것이다. 그러므로 '장수가 지휘하는 곳에는 감히 따라서 움직이지 않는 이가 없고, 장수가 가리키는 곳에는 나아가 결사적으로 싸우지 않는 이가 없다.'라고 한 것이다."

4. 오자가 말하였다.

"무릇 전쟁의 요점은 반드시 먼저 적장을 자세히 관찰하여 그의 재주를 살피고 형세에 따라 임기응변의 방도를 써야 하니, 이렇게 하면 힘들이지 않고도 성공할 수 있다.

적장이 어리석어서 남을 잘 믿으면 속임수로 유인할 수 있고, 탐욕스럽고 명예를 소홀히 하면 뇌물로 매수할 수 있다. 적장이 경솔하게 변동하고 깊은 지모가 없으면 그를 수고롭게 하여 피곤하게 할 수 있고, 적장이 부유하여 교만하고 병사들이 가난하여 원망하면 그들 사이를 이간질할 수 있다.

적장이 나아가고 물러남에 의심이 많고, 적의 병사들이 의지하고 믿을 바가 없으면 놀라게 해서 패주시킬 수 있다. 적의 병사들이 자기 장수를 가볍게 여겨 귀순하려는 마음이 있을 경우, 평탄한 곳을 막고 험한 곳을 열어놓으면 요격하여 취할 수 있다. 나아가는 길이 평탄하고 후퇴하는 길이 험난하면 기회를 틈타 전진할 수 있고, 나아가는 길이 험난하고 후퇴하는 길이 평탄하면 압박하여 공격할 수 있다. 적이 낮고 습기 찬 곳에 군대를 주둔시켜 물이 빠져나갈 곳이 없고 장맛비가 자주 내리면 물을 대어 침몰시킬 수 있다.

황폐한 늪지대에 군대를 주둔시켜 풀과 가시나무가 우거지고 회오리바람이 자주 일면, 불을 놓아 멸망시킬 수 있다. 군대를 오랫동안 정체시키고 이동시키지 못하여 장병들이 태만해져서 군대가 대비함이 없으면, 은밀히 군대를 출동시켜 습격할 수 있다."

5. 무후가 물었다.

"두 군대가 서로 대치하고 있을 적에, 적장에 대해 알지 못하여 적장을 살피고자 한다면, 어떻게 해야 하는가?"

오자가 대답하였다.

"신분이 미천하고 용감한 자로 하여금 경무장한 정예병을 거느리고서 적을 시험하게 하되, 되도록이면 패해서 달아나고 전과戰果는 힘쓰지 않게 하여 적이 추격해 오는 것을 살펴보아야 합니다. 그리하여 병사들의 일거수일투족에 대한 통제가 제대로 이루어지며, 패주하는 자를 추격할 적에 거짓으로 미치지 못하는 것처럼 하고 이익을 보아도 거짓으로 모르는 것처럼 하면, 이러한 장수는 지혜로운 장수라 할 수 있으니, 상대하여 싸우지 말아야 합니다.

만약 적의 병사들이 시끄럽게 떠들고 깃발이 번거롭고 혼란하며, 병사들이 제멋대로 가고 멈추며, 병기를 혹은 세로로, 혹은 가로로 무질서하게 들고 있으며, 패주하는 자를 추격할 적에는 미치지 못할까 두려워하고 이익을 보았을 적에는 얻지 못할까 두려워하면, 이러한 장수는 어리석은 장수이니, 비록 병력이 많더라도 사로잡을 수 있습니다."

제5편 임기응변의 전술〔應變〕

'임기응변의 전술〔應變〕'이란 때에 따라 적절하게 대응하는 것이다. 군대를 운용할 적에 단지 원칙을 지킬 줄만 알고, 때에 따라 변천하고 사물에 응하여 변화하는 방도를 알지 못하면, 창졸간에 어떻게 승리를 쟁취하겠는가? 이 때문에 오자吳子가 하나하나 낱낱이 말한 것이다. 그러므로 '응변'으로 편명을 삼았으니, 모두 10장이다.

1. 무후가 물었다.

"우리의 전차戰車가 견고하고 말이 뛰어나며 장수가 용감하고 병사들이 강성한데도, 갑자기 적을 만나 혼란에 빠져 대오를 잃으면, 어떻게 해야 하는가?"

오자가 대답하였다.

"전투하는 방법은 낮에는 정기旌旗와 번휘旛麾로써 절도를 삼고 밤에는 징과 북, 젓대와 피리로써 절도를 삼습니다. 깃발을 왼쪽으로 휘두르면 병사들이 왼쪽으로 가고 깃발을 오른쪽으로 휘두르면 병사들이 오른쪽으로 가며, 북을 치면 전진하고 징을 치면 멈추며 나팔을 한 번 불면 앞으로 가고 두 번 불면 모입니다.

명령을 따르지 않는 자를 죽이면, 삼군이 장수의 위엄에 복종하고 병사들이 장수의 명령을 따를 것입니다. 이렇게 되면 아무리

강한 적과도 싸울 수 있고, 아무리 강한 적의 진영도 공격할 수 있습니다."

2. 무후가 물었다.

"만약 적의 병력이 많고 우리의 병력이 적으면 어떻게 해야 하는가?"

오자가 대답하였다.

"평탄한 곳에서는 적을 피하고 좁은 곳에서는 기다리고 있다가 맞받아 공격해야 합니다. 그러므로 '한 명으로 열 명을 공격하기에는 좁은 길보다 더 좋은 곳이 없고, 열 명으로 백 명을 공격하기에는 험한 곳보다 더 좋은 곳이 없고, 천 명으로 만 명을 공격하기에는 막혀있는 요새보다 더 좋은 곳이 없다.'고 한 것입니다.

지금 적의 소수 병력이 갑자기 일어나서 좁은 길에서 징을 치고 북을 울리면, 비록 우리에게 많은 병력이 있더라도 놀라서 동요하지 않을 자가 없습니다. 그러므로 '많은 병력을 운용하는 자는 평탄한 곳을 차지하는 데 힘쓰고, 적은 병력을 운용하는 자는 좁은 곳을 차지하는 데 힘써야 한다.'고 한 것입니다."

3. 무후가 물었다.

"적의 군대가 매우 많으면서도 훈련이 잘되어 있고 또 용감하며, 큰 산을 등지고 앞에는 험한 곳이 가로막고 있으며, 오른쪽에는 산이 있고 왼쪽에는 물이 있다. 해자를 깊이 파고 보루를 높이 쌓고서 강한 쇠뇌로써 수비하며, 물러갈 때에는 산이 옮겨가듯이 신중하고 전진할 때에는 비바람이 몰아치듯 맹렬하다. 게다가 군량 또한 많아서 오랫동안 저들과 대치하기가 어렵다면, 어떻게 해야 하는가?"

오자가 대답하였다.

"훌륭한 질문이십니다. 이는 전차와 기병의 힘으로 되는 것이 아니요, 성인의 지모가 있어야 합니다.

전차 천 대와 기마 만 필을 구비하여, 여기에 보병을 겸비하고, 이를 다섯 부대로 나누어서 각 부대마다 큰길 하나씩을 맡게 해야 합니다. 다섯 부대가 다섯 개의 큰길을 맡고 있으면, 적들이 반드시 미혹되어 공격할 곳을 모를 것입니다.

적이 만약 굳게 수비하고 병력을 견고히 하면, 급히 간첩을 이용하여 저들의 계책을 살펴야 하니, 저들이 우리의 말을 들으면 해산하여 떠날 것이요, 우리의 말을 듣지 않으면 저들은 우리의 사신使臣을 목 베고 편지를 불태울 것입니다.

이럴 경우에는 군대를 다섯으로 나누어 다섯 차례 싸우게 하되, 싸워서 승리하면 추격하지 말고 승리하지 못하면 빨리 도망해야 합니다. 이와 같이 하면 적이 거짓으로 패주할 것입니다. 이때에 천천히 추격하여 빨리 싸우되, 한 부대는 그 앞을 가로막고 한 부대는 뒤를 차단하며, 두 부대는 입에 재갈을 물고 은밀히 출동하였다가 좌우로 저들의 허술한 곳을 습격하여야 합니다. 이리하여 다섯 부대가 번갈아 이르면 반드시 그 이로움이 있을 것이니, 이는 강한 적을 공격하는 방도입니다."

4. 무후가 물었다.

"적이 가까이 다가와서 우리를 압박하여, 달아나려 해도 갈 길이 없고 우리의 병사들이 매우 두려워하면 어떻게 해야 하는가?"

오자가 대답하였다.

"이에 대한 방법은 이러합니다. 만약 우리가 저들보다 병력이 많으면 군대를 나누어 기회를 틈타 공격해야 합니다. 저들이 우리보다 병력이 많으면 방책方策을 가지고 추격해야 합니다. 이와 같이 추격하기를 멈추지 않으면 비록 적의 병력이 많더라도 굴복시킬 수 있을 것입니다."

5. 무후가 물었다.

"만약 계곡 사이에서 적과 만나, 옆에는 험하고 막힌 곳이 많으며, 적의 병력이 우리 병력보다 많으면 어떻게 해야 하는가?"

오자가 대답하였다.

"모든 구릉과 산골짜기, 깊은 산과 큰 늪에서는 빨리 행군하여 빨리 벗어나고, 그곳에서 한가로이 머뭇거려서는 안 됩니다. 만약 높은 산과 깊은 골짜기에서 갑자기 적과 만나게 되면, 반드시 먼저 북을 치고 함성을 지르면서 추격해야 합니다. 활과 쇠뇌를 가진 부대를 전진시켜서 활을 쏘면서 사로잡되, 적의 군대가 정돈되었는가 혼란한가를 잘 살펴서 혼란하면 의심하지 말고 공격해야 합니다."

6. 무후가 물었다.

"좌우로 높은 산이 있고 지형이 매우 좁은 곳에서 갑자기 적을 만나 함부로 공격할 수도 없고 물러날 수도 없을 경우에는 어떻게 해야 하는가?"

오자가 대답하였다.

"이것을 골짜기에서의 전투라 하니, 아무리 병력이 많더라도 운용할 수가 없습니다. 이때는 우리의 용감한 병사를 모집하여 적과 서로 대치하게 하되, 발이 빠르고 날쌘 병사로 하여금 예리한 병기를 쥐고 앞 항렬에 서게 합니다. 그런 다음 전차부대를 분산 배치하고 기병을 진열하여 사방에 매복시키되, 서로 거리가 몇 리쯤 떨어져 있게 해서 그 군대를 보이지 않게 숨겨두면, 적이 반드시 진영을 견고히 수비하고 함부로 전진하거나 후퇴하지 못할 것입니다. 이때 깃발을 내세워 진열하고 산 밖으로 나가 진영을 설치하면 적들은 반드시 두려워할 것입니다. 이어서 전차부대와 기마부대가 도전하여 저들에게 쉴 틈을 주지 말아야 하니, 이것이 골짜기에서 싸우는 방법입니다."

7. 무후가 물었다.

"우리가 물이 많은 늪에서 적들과 만났는데, 수레바퀴가 기울고 멍에가 빠져 물이 전차부대와 기마부대를 압박하는데도 배와 노를 마련하지 못하여 꼼짝할 수 없으면, 그때는 어떻게 해야 하는가?"

오자가 대답하였다.

"이것을 물에서의 싸움이라 합니다. 이때는 전차와 기병을 사용하지 말고, 우선 그 곁에 머물면서 높은 곳에 올라가 사방을 바라보면 반드시 물의 정황을 알게 될 것입니다. 물의 넓이를 알고 물의 깊이를 자세히 살펴야 비로소 기이한 계책을 내어 승리할 수 있습니다. 만약 적이 물을 건너오면, 절반쯤 건너왔을 때에 공격해야 합니다."

8. 무후가 물었다.

"오랫동안 장맛비가 내려서 말이 물에 빠지고 수레가 멈춰 섰는데 사면에서 적의 침공을 받아 삼군이 놀랄 경우에는 어떻게 해야 하는가?"

오자가 대답하였다.

"전차를 사용하는 자는 날씨가 음습하면 정지하고 날씨가 맑고 건조하면 출동하며, 높은 곳을 소중히 여기고 낮은 곳을 하찮게 여깁니다. 강한 수레를 치달릴 때는 전진하든 멈추든 반드시 옛길을 따라서 해야 하며, 만약 적이 나타나면 반드시 그들의 발자취를 좇아가야 합니다."

9. 무후가 물었다.

"강포한 적이 갑자기 쳐들어와서 우리의 논과 밭을 노략질하고 우리의 소와 말을 약탈해 갈 경우에는 어떻게 해야 하는가?"

오자가 대답하였다.

"강포한 적이 쳐들어왔을 경우에는, 반드시 그 강함을 헤아려 잘 수비하고, 대응하여 싸우지 말아야 합니다. 저들이 저물녘에 물러갈 적에는 틀림없이 짐이 무겁고 마음속으로는 두려워하면서 신속히 돌아가고자 하여 반드시 군대가 서로 이어지지 못할 것입니다. 이때에 뒤쫓아서 추격하면 그들의 군대를 전복시킬 수 있을 것입니다."

10. 오자가 말하였다.

"적을 공격하고 성을 포위하는 방법은 이러하다. 적의 성읍이 이미 격파되었으면, 각각 관청官廳에 들어가 여기에서 녹봉을 받고 있던 자들을 통솔하고 그 기물들을 거두어 사용해야 한다. 군대가 적지에 도착하게 되면 그곳의 나무를 베지 말고 집을 허물지 말고 곡식을 약탈하지 말고 가축을 죽이지 말고 노적가리와 창고를 불태우지 말아야 하니, 이렇게 해서 백성들에게 잔학한 마음이 없음을 보여주어야 한다. 적 가운데 항복하는 자가 있으면 받아들여서 편안히 어루만져 주어야 한다."

제6편 사기士氣 진작振作〔勵士〕

'사기 진작〔勵士〕'이란 공의 크고 작음에 따라 잔치를 베풀어주고 상을 주는 예禮를 만들어서 공이 없는 자를 격려하는 것이다. 편 가운데에 오직 군대를 격려하는 방법만을 말하였으므로 이로써 편명을 삼았으니, 모두 1장이다.

무후가 물었다.

"상벌을 엄정히 시행하면 충분히 승리할 수 있는가?"

오자가 대답하였다.

"상벌을 엄정히 시행하는 일은 신이 자세히 논할 수 없습니다. 그러나 이것은 믿을 만한 것은 아닙니다. 위에서 호령을 내면 사람들이 따르기를 좋아하고, 병사를 일으키고 군대를 출동하면 사람들이 싸우기를 좋아하고, 병기를 들고 교전하게 되면 사람들이 죽는 것을 좋아하게 하여야 하니, 이 세 가지는 군주가 믿을 수 있는 것입니다."

무후가 물었다.

"그렇게 되려면 어떻게 해야 하는가?"

오자가 대답하였다.

"임금께서 공이 있는 자는 천거하여 나오게 해서 잔치를 베풀어주고, 공이 없는 자는 격려해주어야 합니다."

이에 무후가 사당의 뜰에 세 줄의 좌석을 설치하고 병사와 대부大夫들에게 잔치를 베풀어줄 적에, 큰 공을 세운 사람은 앞줄에 앉히고 잔치자리에서는 귀중한 그릇에 좋은 음식을 담아주었다. 그 다음의 공을 세운 사람은 가운데 줄에 앉히고 잔치자리에서 그릇에 차등을 두었으며, 공이 없는 사람은 맨 뒷줄에 앉히고 잔치자리에서 음식만 주고 귀중한 그릇은 주지 않았다.

잔치를 다 마치고 나갈 적에 또 공이 있는 자의 부모와 처자들에게 사당 문 밖에서 물건을 하사하였는데, 공에 따라 차등을 두었다. 국가의 일로 죽은 가족이 있으면 해마다 사자使者를 보내어 그 부모를 위로하고 물건을 하사하여 군주가 마음에 잊지 않고 있음을 드러내보였다.

이렇게 한 지 3년 만에 진秦나라 사람들이 군대를 일으켜 서하西河로 쳐들어왔다. 이 소식을 듣자 위魏나라 병사 중에는 관리의 명령을 기다리지 않고서 갑옷과 투구를 갖추어 입고 분발하여 공격하는 자가 만 명으로 헤아려졌다. 이에 무후가 오자를 불러 이르기를 "그대의 지난날 가르침이 이제 행해졌다." 하였다.

오자가 대답하였다.

"신이 들으니 '사람에게는 장점과 단점이 있고 기운에는 성하고 쇠함이 있다.' 하였습니다. 임금께서 공이 없는 병사 5만 명을 징발해주시면, 신이 이들을 거느리고서 진秦나라 군대를 상대하여 싸울 것입니다. 혹시라도 우리가 승리하지 못하면 제후들에게 비웃음을 받고 천하에서 권세를 잃게 될 것입니다.

지금 만약 결사적으로 싸우려는 한 명의 적군이 넓은 광야에 엎드려 있으면, 천 명이 쫓아가면서도 올빼미처럼 두리번거리고 이리처럼 돌아보지 않는 자가 없을 것입니다. 어째서이겠습니까? 적이 갑자기 일어나서 자기를 해칠까 두려워하기 때문입니다. 이 때문에 한 사람이 목숨을 버릴 각오를 하면 충분히 천 명을 두렵게 만들 수 있는 것입니다.

지금 신이 5만 명의 병력을 필사적으로 싸우는 한 명의 적처럼 만들어 이들을 거느리고서 진나라를 토벌하면, 진나라 군대는 진실로 우리를 대적하기 어려울 것입니다."

이에 무후가 오기의 말을 따라 전차 5백 대와 기마 3천 필을 주어 진나라의 50만 군대를 격파하였으니, 이는 병사들을 격려하는 데에 공을 들인 효험이었다.

오자는 싸우기 하루 전에 삼군에게 다음과 같이 명령하였다.

"모든 관리와 병사들은 마땅히 나의 명령에 따라 적의 전차와 기병, 그리고 보병을 맞아 싸워야 한다. 만약 우리의 전차가 적의 전차를 잡지 못하고, 기병이 적의 기병을 잡지 못하고, 보병이 적의 보병을 잡지 못하면, 비록 적군을 격파하더라도 모두 공이 없을 것이다."

그러므로 막상 전투하는 당일에는 그의 명령이 번다하게 내려지지 않았는데도 위엄이 천하에 진동하였다.

부록

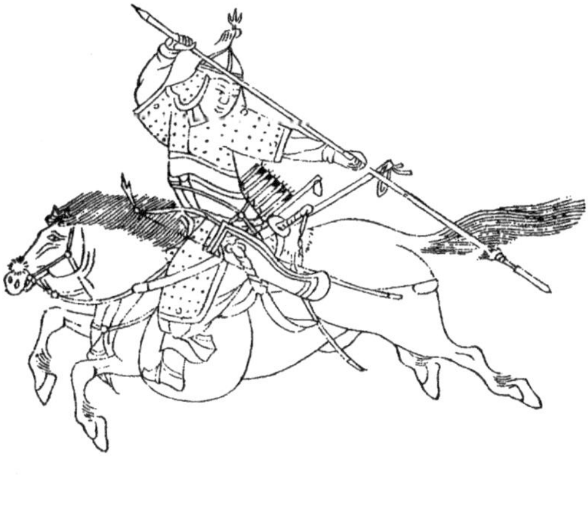

손자孫子의 전기傳記〔孫子本傳〕

손자孫子 무武(B.C. 545경~B.C. 470경)는 제齊나라 사람으로, 병법兵法을 가지고 오왕吳王 합려闔廬(B.C. 515~B.C. 496)를 알현하였다. 합려가

"그대가 지은 병법 13편을 내가 모두 보았으니, 그 방법으로 한 번 군대를 훈련해볼 수 있겠는가?"

라 묻자, 손자가 대답하기를

"가능합니다."

하였나. 합려가

"부인婦人으로 시험할 수 있는가?"

하니,

"가능합니다."

라고 대답하였다.

합려는 이에 허락하고 궁중宮中의 미녀 180명을 내주었다. 손자가 이들을 두 대오隊伍로 나누고 왕이 총애하는 여자 두 명을 각각 대장隊長으로 삼아 모두 창을 잡게 하고, 명령하기를

"너희들은 너의 심장과 좌·우의 손과 등을 아는가?"

하자, 부인들은 대답하기를

"압니다."

하였다. 손자가

"앞으로 가라 하면 심장을 보고, 왼쪽으로 가라 하면 왼손을 보고, 오른쪽으로 가라 하면 오른손을 보고, 뒤로 가라 하면 즉시 뒤를 보라."

하니, 부인들은 즉시

"그렇게 하겠습니다."

라고 대답하였다.

손자는 이미 약속(규약)을 한 다음 부월鈇鉞을 진열하고 즉시 세 번 명령하고 다섯 번 거듭하였다. 이에 북을 쳐서 오른쪽으로 가라 하니, 부인들이 크게 웃기만 하였다. 손자가

"약속이 분명하지 않고 호령이 익숙하지 않은 것은 장군의 죄이다."

라 하고, 다시 세 번 명령하고 다섯 번 거듭하고서 북을 쳐 왼쪽으로 가게 하였으나, 부인들은 다시 크게 웃기만 하였다. 이에 손자는

"약속이 분명하지 못하고 호령이 익숙하지 못한 것은 장수의 죄이지만, 이미 분명한데도 법대로 따르지 않는 것은 관리와 병사들의 죄이다."

라 하고, 좌우의 대장을 목 베고자 하였다.

오왕은 대臺 위에서 이것을 구경하다가 손자가 총애하는 여인의 목을 베려는 것을 보고 크게 놀랐다. 급히 사자使者를 시켜 명령을 전달하기를

"과인寡人은 이미 장군이 용병用兵을 잘한다는 것을 알고 있다.

과인은 이 두 여인이 아니면 음식을 먹어도 입맛이 없으니, 목을 베지 말기를 원한다."

라고 하였다. 손자가

"신臣은 이미 명령을 받아 장수가 되었으니, 장수가 군대를 거느릴 적에는 군주의 명령도 받지 않는 경우가 있습니다."

하고, 마침내 대장 두 사람을 목 베어 조리돌리고 그다음 사람을 대장으로 임명하였다.

이에 다시 북을 치니, 부인들이 전후좌우로 움직이고 무릎 꿇고 일어남에 모두 규칙과 법도에 맞아서 감히 소리도 내지 못하였다. 이에 손자가 사람을 시켜서 왕에게 보고하기를

"군대가 이미 정돈되었으니, 왕께서는 한번 내려오셔서 살펴보십시오. 왕이 쓰시고자 하시는 대로 쓸 수 있으니, 물과 불에 뛰어들게 하는 일도 가능할 것입니다."

하였다. 오왕이 말하기를

"장군은 그만 쉬고 관사로 가라. 과인은 보고 싶지 않다."

라고 하니, 손자가 말하기를

"왕께서는 그 말만 좋아하시고 그 실제를 쓰지 못하십니다."

라고 하였다. 이에 합려는 손자가 용병用兵을 잘한다는 것을 알고 마침내 그를 장수로 삼았다. 그리하여 서쪽으로 강한 초楚나라를 격파하여 수도인 영郢 땅으로 쳐들어가고 북쪽으로 제齊나라와 진晉나라를 위협하여 제후들에게 이름을 드러내었으니, 여기에는 손자의 공이 크게 있었다.

손무가 죽은 지 백여 년 뒤에 손빈孫臏이 있었다. 손빈은 손무의 자손으로, 아阿 땅과 견鄄 땅의 사이에서 출생하여, 일찍이 방연龐涓(미상~B.C. 342)과 함께 병법을 배웠다. 방연은 위魏나라에서 벼슬하여 혜왕惠王(B.C. 400~B.C. 334)의 장군이 되자, 자신의 재능이 손빈만 못하다고 스스로 여기고는 은밀히 사람을 시켜 손빈을 불렀다. 손빈이 오자 방연은 그가 자기보다 나은 것을 두려워하고 미워해서 죄를 뒤집어씌워 두 발을 자르고 묵형墨刑을 가해서 손빈이 숨고 나타나지 못하게 하고자 하였다.

제齊나라의 사신이 위魏나라에 갔는데, 손빈이 형벌을 받은 죄인이었기에 은밀히 제나라 사신을 만나 설득하였다. 제나라 사신이 기이한 인물이라 여기고 몰래 수레에 태워 제나라로 오니, 제나라 장군 전기田忌가 그를 빈객으로 대접하였다.

전기는 자주 제나라의 공자公子들과 말을 달리며 내기를 하였는데, 손빈이 보니, 경주하는 말〔馬〕의 속도가 그리 크게 차이가 나지 않았으며, 말에는 상등·중등·하등의 세 무리가 있었다.

이에 손자가 전기에게 말하기를

"군君(전기田忌)께서는 내깃돈만 내십시오. 신이 군으로 하여금 경주에서 이기게 하겠습니다."

하였다. 전기가 그 말을 믿고서 왕과 여러 공자들을 따라 내깃돈 천금千金을 걸었다. 경주할 때가 되자, 손자가 전기에게

"지금 군의 하등 말을 가지고 저들의 상등의 말과 겨루고, 군의

상등 말을 가지고 저들의 중등의 말과 겨루고, 군의 중등 말을 가지고 저들의 하등의 말과 겨루십시오."
하였다. 세 무리가 달려 경주가 끝났는데, 전기가 한 번 지고 두 번 이겨서 끝내 왕의 천금을 얻었다.

이에 전기는 손빈을 위왕威王(미상~B.C. 320)에게 천거하니, 위왕은 그에게 병법을 묻고 마침내 스승으로 삼았다.

그 후에 위魏나라가 조趙나라를 정벌하니, 조나라가 위급하여 제齊나라에 구원을 청하였다. 제나라 위왕이 손빈을 장수로 삼으려 하였으나 손빈은 사양하며 말하기를

"형벌을 받은 사람은 안 됩니다."
라고 하니, 이에 전기를 장수로 삼고 손빈을 군사軍師로 삼아 치중차輜重車(짐수레) 안에 앉아서 계책을 세우게 하였다. 전기가 군대를 이끌고 조나라에 가려고 하자, 손빈이 말하기를

"어지럽게 뒤얽힌 분규를 해결하는 자는 주먹으로 치지 않고, 싸움을 말리는 자는 창을 들고 찌르지 않으니, 적의 요해처를 공격하고 빈 곳으로 쳐들어가서 저들의 형세가 막히고 억제되면 조趙나라의 위급함이 저절로 풀릴 것입니다.

지금 위魏나라와 조趙나라가 서로 공격함에 경무장한 군대와 정예병은 틀림없이 모두 밖에 있고 노약자들은 안(수도)에서 피폐할 것이니, 군君이 만약 군대를 이끌고 빨리 위나라의 수도인 대량大梁으로 달려가서 길거리를 점거하고 빈 곳을 치면 저들은 반드시

조나라를 버리고 스스로 수도를 구원하러 올 것입니다. 이는 우리가 한 번에 조나라의 포위를 풀고 위나라를 피폐하게 만드는 효과를 거두는 것입니다."
하였다. 전기가 그의 말을 따르니, 위나라가 과연 조나라의 수도인 한단邯鄲을 버리고 제나라 군대와 계릉桂陵에서 싸웠는데, 제나라 군대가 위나라 군대를 크게 격파하였다.

13년 뒤에 위나라와 조나라가 한韓나라를 공격하자, 한나라가 위급함을 제나라에 알리고 구원을 요청하니, 제나라에서는 전기에게 군대를 거느리고 곧바로 위나라의 수도인 대량으로 달려가게 하였다. 위나라 장수 방연은 이 소식을 듣고 한나라를 버리고 돌아오니, 제나라 군대가 이미 서쪽으로 간 뒤였다. 손자가 전기에게 말하였다.

"저 삼진三晉의 군사들이 평소 사납고 용감하여 제나라를 경시하며 제나라 사람들을 겁쟁이라고 하니, 전투를 잘하는 자는 그 형세를 따라 이롭게 이끕니다. 병법에 '100리에 이익을 좇아 달려가는 군대는 상장군上將軍이 쓰러지고 50리에 이익을 좇아 달려가는 군대는 군대가 절반만 이른다.'고 하였습니다."

그리하여 제나라 군대로 하여금 위나라 땅에 들어가서 첫날에는 10만 개의 아궁이를 만들게 하고, 다음 날에는 5만 개의 아궁이를 만들게 하고, 또 다음 날에는 3만 개의 아궁이를 만들게 하였다. 방연은 추격한 지 3일 만에 크게 기뻐하여 말하기를

"내 참으로 제나라 군사들이 겁내는 줄 알겠다. 우리 땅에 들어온 지 3일 만에 도망한 병사들이 반을 넘는다."
하고, 마침내 보병步兵을 버리고 경무장한 정예병과 함께 하루에 이틀 동안 갈 노정을 치달려 추격하였다.

손빈이 그들의 행군 속도를 헤아려보니, 저물녘에 마릉馬陵에 도착할 것으로 판단하였다. 마릉은 길이 좁고 옆에 좁은 곳이 많아서 군대를 매복할 만하였다. 이에 큰 나무를 깎아서 하얗게 만들고 여기에 글을 쓰기를 '방연이 이 나무 아래에서 죽는다.〔龐涓死于此樹之下〕'라고 하였다.

이에 제나라 병사 중에 활을 잘 쏘는 자들로 하여금 만 개의 쇠뇌〔弩〕를 가지고 길 좌우에 매복시키고,

"밤중에 불이 들어올려지는 것을 보거든 일제히 발사하라."
하였다. 방연이 밤중에 깎아놓은 나무를 아래에 이르러서 하얗게 깎여진 나무에 글씨가 쓰여 있는 것을 보고는 부싯돌을 쳐서 불을 밝혀 그 글을 보았는

마릉馬陵 전투

데, 미처 그 글을 다 읽기도 전에 제나라 군대가 만 개의 쇠뇌를 함께 발사하니, 위나라 군대가 크게 혼란하여 서로 앞뒤를 잃었다. 방연은 지모智謀가 다하여 군대가 패할 줄을 알고는 마침내 스스로 목을 찌르며 말하기를

"마침내 애송이가 명성을 이루게 되었구나."

라고 하였다. 이로 인하여 제나라는 승세를 타 위나라 군대를 모두 격파하고 위나라 태자太子 신申을 사로잡아 돌아왔으며, 손빈은 천하에 이름을 드러내서 대대로 병법을 전하였다.

《사기史記》 권65 〈손자오기열전孫子吳起列傳〉

오기吳起의 전기傳記〔吳起本傳〕

오기吳起는 위衛나라 사람으로, 용병用兵을 좋아하였다. 일찍이 공자孔子의 제자인 증자曾子(B.C. 506~B.C. 436)에게 배우고 노魯나라 군주를 섬겼는데, 제齊나라 사람이 노나라를 공격하자 노나라에서는 오기를 장수로 삼고자 하였다. 그러나 오기가 제나라 여자를 아내로 삼았으므로 노나라에서는 이를 의심하였다. 오기는 이에 자기 명예를 이루고자 마침내 아내를 죽여 제나라를 돕지 않을 것을 밝히니, 노나라에서는 끝내 오기를 장수로 삼아 군대를 거느리고 제나라를 공격해서 크게 격파하였다.

노나라 사람 중에 어떤 사람이 오기를 미워하여 노나라 군주에게 말하기를

"오기란 사람은 시기심이 많고 잔인한 사람입니다. 그가 젊었을 적에 그의 집은 천금千金을 소유한 부잣집이었는데, 돌아다니며 벼슬하려다가 뜻을 이루지 못하여 마침내 그 가산을 탕진하였습니다. 마을 사람들이 비웃자, 오기는 자기를 비방하는 자들 30여 명을 죽이고 동쪽으로 위나라 성문을 나가 어머니와 결별하면서 팔뚝을 깨물어 맹세하기를 '내가 경상卿相(재상宰相)이 되지 못하면 다시는 위나라에 들어오지 않겠다.'고 하였습니다. 증자를 사사師事하

였는데, 얼마 후 오기의 어머니가 죽었는데도 오기가 끝내 돌아가지 않자, 증자가 그를 나쁘게 여겨 절교하였습니다. 오기는 이에 노나라에 와서 병법兵法을 배워 노나라 군주를 섬겼는데, 노나라 군주가 그를 의심하자 오기는 자기 아내를 죽이고 장수가 되기를 바랐습니다. 노나라는 약소국인데 전쟁하여 승리했다는 소문이 있게 되면 제후들이 노나라를 도모할 것입니다. 또 노나라와 위나라는 형제의 나라인데 군주께서 오기를 등용하시면 이는 위나라를 버리는 것입니다."
라고 하니, 노나라 군주는 오기를 의심하여 그를 사절하였다.

오기는 이에 위 문후魏文侯(B.C. 472~B.C. 396)가 어질다는 말을 듣고 그를 섬기고자 하였다. 문후가 이극李克에게 묻기를
"오기는 어떠한 사람인가?"
라고 하자, 이극이 대답하기를
"오기는 명예를 탐하고 여색을 좋아하지만, 용병술用兵術은 사마양저司馬穰苴라도 그보다 뛰어나지 못할 것입니다."
라고 하였다. 이에 위 문후가 그를 장수로 삼아서 진秦나라를 공격하여 다섯 개의 성城을 함락하였다.

오기는 장수가 되자 사졸士卒 중에 신분이 가장 낮은 자와 의식衣食을 함께하며 누울 때에는 자리를 펴지 않고 다닐 때에는 말을 타거나 수레를 타지 않았으며, 직접 식량과 꾸러미를 싸서 사졸들

과 노고를 나누었다.

병졸 중에 등창을 앓는 자가 있자 오기가 그를 위하여 종기를 빨아주었는데, 병졸의 어머니가 이 말을 듣고 통곡하였다. 어떤 사람이 말하기를

"당신 아들은 병졸인데 장군將軍이 직접 그 종기를 빨아주었으니, 무엇 때문에 통곡한단 말이오?"

하였다. 이에 어머니가 대답하기를

"그렇지 않습니다. 지난해에 오공吳公이 그 아비의 종기를 빨아주어 그 아비가 싸움터에서 발걸음을 되돌리지 않고 싸우다가 마침내 적敵에게 죽었는데, 오공이 지금 또다시 그 자식의 종기를 빨아주었으니, 저는 그 자식이 죽을 곳을 알지 못합니다. 이 때문에 통곡하는 것입니다."

하였다.

병졸의 종기를 빨아주는 오기吳起

문후는 오기가 용병을 잘하고 청렴하고 공평해서 사졸의 마음을 잘 얻는다 하여, 마침내 서하수西河守로 삼아 진秦나라·한韓나

라·위魏나라를 막게 하였다.

문후가 죽자, 오기가 그의 아들 무후武侯(B.C. 424~B.C. 370)를 섬겼다. 무후가 서하에 배를 띄워 내려갈 적에 중류中流에서 오기를 돌아보고 말하기를

"아름답다. 산하山河의 견고함이여! 이는 위魏나라의 보배로다."

하자, 오기는 다음과 같이 대답하였다.

"나라를 지킴은 덕德에 달려있고 산천의 험함에 달려있지 않습니다. 옛날 삼묘씨三苗氏가 살던 곳에는 왼쪽에 동정호洞庭湖가 있고 오른쪽에 팽려호彭蠡湖가 있었으나 덕德과 의義를 닦지 않으므로 우禹임금이 멸滅하였고, 하夏나라 걸왕桀王이 살던 곳은 왼쪽에 황하黃河와 제수濟水가 있고 오른쪽에 태산泰山과 화산華山이 있으며 이궐伊闕이 그 남쪽에 있고 양장羊腸이 그 북쪽에 있었으나 정사를 닦음에 인仁하지 못하므로 탕湯임금이 추방하였고, 은殷나라 주왕紂王의 나라는 왼쪽에 맹문孟門이 있고 오른쪽에 태항산太行山이 있으며 상산常山이 그 북쪽에 있고 대하大河(황하黃河)가 그 남쪽을 경유하였으나 정사를 닦음에 덕이 없으므로 무왕武王이 죽였습니다. 이로써 본다면 나라를 지키는 것은 덕에 달려있고 산천의 험함에 달려있지 않으니, 만약 군주께서 덕을 닦지 않으시면 이 배 안에 있는 사람들이 모두 적국敵國이 될 것입니다."

이에 무후가 말하기를

"좋은 말이다."

라고 동의하였다.

무후가 즉시 오기를 서하西河의 수령으로 임명하여 명성이 매우 높았다. 위나라에서 전문田文(미상~B.C. 279)을 정승으로 삼자, 오기가 기뻐하지 아니하여 전문에게 말하기를

"그대와 함께 공功을 논하여도 되겠는가?"

라고 하니, 전문이 대답하기를

"좋다."

하였다. 오기가 말하기를

"삼군三軍을 거느려서 사졸들로 하여금 결사적으로 싸우는 것을 좋아하게 하여 적국이 감히 도모하지 못함은 그대가 나만 한가?"

라고 물으니, 전문이 대답하기를

"그대만 못하다."

라고 하였다. 오기가 말하기를

"백관百官을 다스리고 만민萬民을 친애하고 나라의 창고를 충실히 함은 그대가 나만 한가?"

라고 물으니, 전문이 대답하기를

"그대만 못하다."

라고 하였다. 오기가 말하기를

"서하를 지켜 진秦나라 군대가 감히 동쪽을 향해 오지 못하게 하고 한韓나라와 조趙나라가 손님처럼 따름은 그대가 나만 한가?"

라고 물으니, 전문이 대답하기를

"그대만 못하다."

라고 하였다. 오기가 말하기를

"이 세 가지는 그대가 모두 나의 밑에 있는데 지위가 내 위에 있는 것은 어째서인가?"

라고 물으니, 전문이 대답하기를

"군주가 어려 온 나라가 의심하여 대신大臣이 따르지 않고 백성百姓들이 믿지 않으니, 이러한 때에 국정을 그대에게 맡기겠는가? 나에게 맡기겠는가?"

하였다. 오기가 묵묵히 한동안 있다가 말하기를

"그대에게 맡기겠다."

라고 하였다. 전문이 말하기를

"이것이 바로 내가 그대의 위에 있게 된 이유이다."

라고 하니, 오기가 마침내 전문만 못하다는 것을 스스로 알게 되었다.

전문이 죽자 공숙公叔(미상~B.C. 361)이 정승이 되어서 위나라 공주公主에게 장가들고는 오기를 해치려 하였다. 공숙의 마부가 말하기를

"오기는 제거하기가 쉽습니다."

라고 하였다. 이에 공숙이 말하기를

"어째서인가?"

라고 물으니, 그 마부는 다음과 같이 대답하였다.

"오기는 인품이 절제하고 청렴하고 스스로 명예를 좋아합니다. 군君(공숙公叔)께서는 먼저 무후에게 '오기는 현명한 사람입니다. 임금님의 나라가 작고 또 강한 진秦나라 영토와 경계를 접하고 있으니, 신은 오기가 이 나라에 오래 머물 마음이 없을까 염려됩니다.'라고 하십시오.

그러면 무후가 '어째서인가?'라고 물을 것이니, 군께서는 무후에게 '공주를 끌어들여 시험하십시오. 오기가 머물 마음이 있으면 반드시 공주를 받을 것이요 머물 마음이 없으면 반드시 사양할 것이니, 이것을 가지고 점치십시오.'라고 하십시오. 그리고 한편으로는 오기를 불러 함께 집으로 돌아와서 즉시 공주로 하여금 성내어 군을 무시하게 하십시오. 오기는 공주가 군을 천대하는 것을 보면 반드시 공주를 사양할 것입니다."

이 말대로 오기는 공주가 위나라 정승을 천대하는 것을 보고 과연 위 무후에게 공주를 사양하니, 무후는 오기를 의심하고서 믿지 않았다. 오기는 죄를 얻을까 두려워하여 마침내 떠나서 즉시 초楚나라로 갔다.

초 도왕楚悼王(미상~B.C. 381)은 평소 오기가 어질다는 소문을 듣고, 오기가 오자 초나라의 정승으로 삼았다. 오기는 법을 밝히고 명령을 살피며 당장 필요치 않은 관직은 없애고 공족公族 중에 소원한 자들을 폐기廢棄하여 전투하는 병사를 어루만지고 기르게 하니, 요점은 군대를 강하게 함에 있었다. 그리하여 유세하며 종횡縱

橫을 말하는 자들을 축출하였다.

이에 초楚나라는 남쪽으로 백월百越을 평정하고 북쪽으로 진陳나라와 채蔡나라를 겸병하고 삼진三晉을 물리치고 서쪽으로 진秦나라를 정벌하였다. 제후들은 초나라의 강성함을 염려하였으나 초나라의 귀척貴戚들은 모두 오기를 살해하고자 하였다. 그러다가 도왕이 죽자, 종실宗室의 대신들이 난을 일으켜 오기를 공격하니, 오기는 왕의 시신이 있는 곳으로 달려가서 엎드려 있었다. 오기를 공격하는 무리들이 오기를 활로 쏘고 창으로 찌르다가 함께 도왕의 시신까지 맞혔다.

도왕을 장례한 다음 태자太子가 즉위하여 마침내 영윤令尹(재상宰相)으로 하여금 오기를 쏘다가 함께 왕의 시신을 맞힌 자를 모두 죽이게 하니, 오기를 쏘았다가 죄에 연루되어 종족이 망하여 죽은 자가 70여 집안이었다.

태사공太史公(사마천司馬遷, B.C. 145경~B.C. 86경)이 다음과 같이 평하였다.

"세속에서 말하는 사려師旅(군대의 운용)는 모두 《손자孫子》 13편이고, 오기吳起의 병법兵法은 세상에 많이 있으나 짐짓 논하지 않고 그 행한 일과 시행한 것만을 논한다.

속담에 '실천을 잘하는 자가 반드시 말을 잘하는 것은 아니고 말을 잘하는 자가 반드시 실천을 잘하는 것은 아니다.'라고 하니, 손빈은 방연에게 승리한 계책은 현명하였으나 형벌을 당하기 전에 일찍

환란을 구원하지 못하였고, 오기는 무후에게 형세形勢(지형)가 덕德만 못하다고 설득하였으나 초楚나라에서 정사를 행할 적에 각박하고 포악하고 은혜가 적어 그 몸을 망쳤으니, 슬프다."

《사기史記》 권65 〈손자오기열전孫子吳起列傳〉

《손자병법孫子兵法》 명언명구名言名句

제1편 국방 계획〔始計〕

• 병兵(전쟁)이란 국가의 큰일이다. 죽고 삶이 달려있는 자리이며 나라가 보존되고 멸망하는 갈림길이니, 살피지 않으면 안 된다.

兵者는 國之大事라 死生之地요 存亡之道니 不可不察也니라

• 도道란 백성(병사)들로 하여금 윗사람과 뜻을 함께하여 함께 죽고 함께 살아서 위태로움을 두려워하지 않게 하는 것이다.

道者는 令民與上同意하여 可與之死하며 可與之生하여 而不畏危也니라

• 세勢라는 것은 이로움을 따라 권변權變(임기응변)을 만드는 것이다.

勢者는 因利而制權也니라

• 병兵(전쟁)이라는 것은 속이는 방도이다.

兵者는 詭道也라

• 능하면서 능하지 못한 것처럼 보이며, 유능한 사람을 등용하면서 등용하지 않는 것처럼 보여야 한다.

能而示之不能하며 用而示之不用이니라

• 적이 대비가 없는 곳을 공격하고 적이 예상하지 않은 곳으로 출동해야 한다.

攻其無備하고 出其不意니라

제2편 군사 작전〔作戰〕

• 전쟁戰爭에 사용함은 신속히 하여 승리해야 하니, 오래 끌면 병기를 무디게 하고 병사들의 예기銳氣를 꺾게 된다.

其用戰也勝이니 久則鈍兵挫銳니라

• 군대를 오랫동안 동원하고 국가가 이로운 경우는 있지 않았다.

兵久而國利者는 未之有也니라

• 용병用兵의 폐해를 다 알지 못하는 자는 용병用兵의 이로움을 다 알지 못하는 것이다.

不盡知用兵之害者는 則不能盡知用兵之利也니라

• 사용하는 기물器物은 본국本國에서 취하고 군량軍糧은 적지敵地에서 이용하여야 한다.

取用於國하고 因糧於敵이니라

• 노획한 병사들을 잘 길러야 하니, 이것을 일러 '적敵을 이기면 더욱 강해진다.'는 것이다.

卒을 善而養之니 是謂勝敵而益强이니라

• 군대는 속히 싸워 승리함을 귀하게 여기고, 오랫동안 지체함을 귀하게 여기지 않는 것이다.

兵貴勝이요 不貴久니라

• 병법을 아는 장수는 백성의 생명을 좌우하는 자요〔司命〕 국가 안위安危의 주체인 것이다.

知兵之將은 民之司命이요 國家安危之主也니라

제3편 공격의 도모〔謀攻〕

• 무릇 용병用兵하는 법은 적敵의 나라를 온전하게 하는 것이 상上이 되고, 적敵의 나라를 격파하는 것이 그다음이 되며, 적의 군軍을 온전하게 하는 것이 상이 되고, 적의 군을 격파하는 것이 그다음이 된다.

凡用兵之法은 全國爲上이요 破國次之며 全軍爲上이요 破軍次之라

• 백 번 싸워서 백 번 승리하는 것은 잘하는 중에 또 잘하는 자가 아니요, 싸우지 않고 적의 군대를 굴복시키는 것이 잘하는 중에 또 잘하는 자인 것이다.

百戰百勝은 非善之善者也요不戰而屈人之兵이 善之善者也니라

• 최고의 군대는 적의 계략을 정벌하는(깨뜨리는) 것이고, 그다음은 적敵의 외교外交를 정벌하는 것이고, 그다음은 적의 군대를 공격하는 것이고, 그다음은 성城을 공격하는 것이다.

上兵은 伐謀요 其次는 伐交요 其次는 伐兵이요 其下는 攻城이니라

• 용병用兵을 잘하는 자는 남의 군대를 굴복시키되 전쟁으로 하는 것이 아니요, 남의 성城을 함락시키되 공격으로 하는 것이 아닌 것이다.

善用兵者는 屈人之兵而非戰也요 拔人之城而非攻也니라

• 반드시 온전함으로써 천하에 다툰다. 그러므로 병기兵器가 무뎌지지 않고도 이로움을 온전히 할 수 있는 것이다.

必以全爭於天下라 故로 兵不頓而利可全이니라

• 약한 군대가 〈자기의 힘을 헤아리지 아니하여 도망가지도 피하지도 않고서〉 굳게 적과 싸우는 것은 강한 적에게 사로잡히게 되는 것이다.

小敵之堅은 大敵之擒也니라

• 적과 싸울 수 있음과 싸울 수 없음을 아는 자는 승리하고, 많은 병력과 적은 병력의 운용을 아는 자는 승리하고, 윗사람과 아랫사람이 함께 하고자 하는 자는 승리하고, 대비함으로써 대비하

지 않는 적을 상대하는 자는 승리하고, 장수가 유능한데 군주가 통제하지 않는 자는 승리한다.

知勝有五하니 知可以與戰과 不可以與戰者는 勝하고 識衆寡之用者는 勝하고 上下同欲者는 勝하고 以虞待不虞者는 勝하고 將能而君不御者는 勝하니라

• 적을 알고 자기를 알면 백 번 싸워도 위태롭지 않으며, 적을 알지 못하고 자기만 알면 한 번 이기고 한 번 지며, 적을 알지 못하고 자기를 알지 못하면 매번 싸울 때마다 반드시 패한다.

知彼知己면 百戰不殆하고 不知彼而知己면 一勝一負하고 不知彼, 不知己면 每戰必敗니라

제4편 군대의 형세形勢〔軍形〕

• 옛날에 전쟁을 잘한 자는 먼저 〈수비를 굳건히 하여 적이〉 승리할 수 없게 만들어놓고 적에게 승리할 수 있는 틈이 생기기를 기다렸다.

昔之善戰者는 先爲不可勝하여 以待敵之可勝이라

• 승리할 수 없게 함은 자기에게 달려 있고, 이길 수 있음은 적에게 달려 있다. 그러므로 전쟁을 잘하는 자는 적이 자기를 이길 수 없게는 할 수 있어도, 적으로 하여금 우리가 반드시 이기게 할 수는 없는 것이다. 이 때문에 "승리는 알 수는 있어도 만들 수는 없다." 한 것이다.

不可勝은 在己요 可勝은 在敵이라 故로 善戰者는 能爲不可勝이요 不能使敵之必可勝이라 故로 曰 勝은 可知而不可爲라하니라

- 승리할 수 없는 경우에는 지키고 승리할 수 있는 경우에는 공격하여야 한다.

不可勝者는 守也요 可勝者는 攻也니라

- 승리를 발견함이 보통 사람이 아는 바를 넘지 못하는 것은 잘하는 중에 잘하는 자가 아니요, 싸워서 승리했을 적에 천하 사람들이 잘 싸웠다고 말하는 것은 잘하는 중에 잘하는 자가 아니다.

見勝이 不過衆人之所知는 非善之善者也요 戰勝에 而天下曰善은 非善之善者也니라

- 전쟁을 잘하는 자는 패하지 않을 자리에 서고, 적의 패할 기회를 놓치지 않는 것이다.

善戰者는 立於不敗之地하고 而不失敵之敗也니라

- 승리하는 군대는 먼저 승리할 방책을 세운 뒤에 싸움을 청하고, 패하는 군대는 먼저 싸운 뒤에 승리하기를 바라니, 용병用兵을 잘하는 자는 도道를 닦고 병법을 보전한다.

勝兵은 先勝而後에 求戰하고 敗兵은 先戰而後에 求勝하나니 善用兵者는 修道而保法이라

제5편 군대의 기세氣勢〔兵勢〕

• 혼란함은 다스림에서 생기고 겁냄은 용맹에서 생기고 약함은 강함에서 생겨야 하니, 다스림과 혼란함은 수數이고 용맹과 겁냄은 기세이고 강함과 약함은 형세이다.

亂生於治하고 怯生於勇하고 弱生於强이니 治亂은 數也요 勇怯은 勢也요 强弱은 形也니라

• 전쟁을 잘하는 자는 기세에서 찾고 사람에게서 바라지 않는다. 그러므로 능히 사람을 가려 쓰고 기세에 맡기는 것이다.

기세에 맡기는 자는 병사들을 싸우게 함이 나무토막과 돌을 굴리는 것과 같으니, 나무와 돌의 성질은 편안하면 고요하고 위태로우면 움직이며 네모나면 그치고 둥글면 굴러간다. 그러므로 적과 잘 싸우는 사람의 형세가 둥근 돌을 천 길의 산 위에서 굴리는 것과 같은 것은 기세 때문이다.

善戰者는 求之於勢하고 不責於人이라 故로 能擇人而任勢하나니 任勢者는 其戰人也 如轉木石이니 木石之性은 安則靜하고 危則動하고 方則止하고 圓則行이라 故로 善戰人之勢 如轉圓石於千仞之山者는 勢也니라

제6편 허虛와 실實〔虛實〕

• 무릇 싸울 장소에 먼저 있으면서 적을 기다리는 자는 편안하고, 싸움터로 늦게 달려가는 자는 수고롭다. 그러므로 전쟁을 잘하

는 자는 적이 오도록 만들고 적에게 끌려가지 않는 것이다.

凡先處戰地而待敵者는 佚하고 後處戰地而趨戰者는 勞라 故로 善戰者는 致人而不致於人이니라

• 능히 적으로 하여금 스스로 오게 하는 것은 적이 이롭게 여기기 때문이요, 능히 적으로 하여금 오지 못하게 하는 것은 적이 해롭게 여기기 때문이다. 그러므로 적이 편안하거든 능히 수고롭게 하고, 적이 배부르거든 능히 굶주리게 하고, 적이 안심하거든 능히 동요하게 해야 한다.

能使敵人自至者는 利之也요 能使敵人不得至者는 害之也라 故로 敵佚이어든 能勞之하고 飽어든 能飢之하고 安이어든 能動之니라

• 적이 달려오지 않는 곳으로 출동하며 적이 예상하지 않은 곳으로 달려가야 한다.

出其所不趨하고 趨其所不意니라

• 공격하면 반드시 점령하는 것은 적이 지키지 않는 곳을 공격하기 때문이요, 지키면 반드시 견고한 것은 적이 공격하지 않는 곳을 지키기 때문이다.

攻而必取者는 攻其所不守也요 守而必固者는 守其所不攻也니라

• 공격을 잘하는 자는 적이 지킬 곳을 알지 못하고, 수비를 잘하는 자는 적이 공격할 곳을 알지 못하는 것이다.

善攻者는 敵不知其所守하고 善守者는 敵不知其所攻이니라

- 진격하면 적이 막지 못하는 것은 적의 빈 곳을 공격하기 때문이요, 후퇴하면 적이 추격해오지 못하는 것은 신속하게 행동하여 적이 미칠 수가 없기 때문이다.

進而不可禦者는 衝其虛也요 退而不可追者는 速而不可及也라

- 적에게 형체를 드러내 보이되 우리가 실제로 형체가 없게 하면, 우리는 전일專一하고 적은 분산될 것이다. 우리는 전일하여 하나가 되고 적은 분산되어 열이 되면 이는 열을 가지고 하나를 공격하는 것이니, 우리는 많고 적은 적게 된다.

形人而我無形이면 則我專而敵分하리니 我專爲一하고 敵分爲十이면 是는 以十攻其一也니 則我衆敵寡라

- 대비하지 않는 곳이 없으면 병력이 적어지지 않는 곳이 없게 될 것이다.

無所不備면 則無所不寡리라

- 전투할 지역을 알고 전투할 날짜를 알면 천 리 멀리에서도 적과 회전會戰할 수 있다.

知戰之地하고 知戰之日이면 則可千里而會戰이라

- "승리는 만들 수 있다."라고 한 것은, 적의 병력이 비록 많으나

우리와 싸우지 못하게 할 수 있기 때문이다.

勝可爲也라하니 敵雖衆이나 可使無鬪니라

• 병력을 드러내 보임의 지극함은 형태가 없음에 이르는 것이니, 형태가 없으면 깊이 숨어든 간첩도 엿보지 못하고 지혜로운 자도 도모하지 못한다.

形兵之極은 至於無形이니 無形이면 則深間不能窺하고 智者不能謀하니라

• 군대의 형태는 물을 형상하니, 물의 형태는 높은 곳을 피하고 낮은 곳으로 달려가고, 군대의 형태는 적의 견실한 곳을 피하고 허약한 곳을 공격한다.

夫兵形은 象水하니 水之形은 避高而趨下하고 兵之形은 避實而擊虛라

• 물은 땅에 따라 흐르고 군대는 적에 따라 승리하는 것이다.

水因地而制流하고 兵因敵而制勝이라

제7편 군대의 전쟁〔軍爭〕

• 군쟁軍爭(군대의 전쟁)의 어려움은 우회하는 길을 직선의 길로 만들고 환란을 이로움으로 만드는 것이다. 그러므로 길을 우회하되 이로움으로써 적을 유인해서 적보다 뒤에 출발하여 적보다 먼저 도착하여야 하니, 이는 우회와 직선의 계책을 아는 것이다.

軍爭之難者는 以迂爲直하고 以患爲利라 故로 迂其途而誘之以利하여 後人

發하고 先人至하니 此는 知迂直之計者也니라

• 군대는 치중輜重(군수물자)이 없으면 망하고 양식이 없으면 망하고 위자委積(저축)가 없으면 망하는 것이다.

軍無輜重則亡하고 無糧食則亡하고 無委積(자)則亡하나니라

• 군대는 속임수를 근본으로 세우고, 이익에 따라 출동하고, 분산하고 합치는 것을 변화로 삼는 것이다.

兵은 以詐立하고 以利動하고 以分合爲變者也니라

• 빠름이 바람과 같고 느림이 숲과 같으며, 적을 침략할 적에는 불꽃과 같게 하고 움직이지 않을 적에는 산과 같게 하며, 〈적으로 하여금 우리를〉 알기 어려움이 그늘과 같게 하고 출동할 적에는 천둥벼락과 같게 하는 것이다.

其疾如風하고 其徐如林하고 侵掠如火하고 不動如山하고 難知如陰하고 動如雷霆이니라

• 우회와 직선의 계책을 미리 아는 자는 승리하는 것이다.

先知迂直之計者勝이니라

• 사람의 귀와 눈이 이미 통일되면 용감한 자가 홀로 전진할 수 없고 겁이 많은 자가 홀로 후퇴할 수 없게 된다.

人旣專一이면 則勇者不得獨進하고 怯者不得獨退라

- 용병을 잘하는 자는 적의 예리한 기운을 피하고 나태하여 돌아갈 적에 공격하는 것이니, 이는 기운을 잘 다스리는 자이다.
  善用兵者는 避其銳氣하고 擊其惰歸하나니 此는 治氣者也니라

- 아군我軍의 다스려짐으로써 적이 혼란하기를 기다리고 아군의 고요함으로써 적이 떠들기를 기다려야 하니 이는 마음을 다스리는 것이다.
  以治待亂하고 以靜待譁하니 此는 治心者也니라

- 가까이 있는 아군我軍으로 멀리서 온 적을 기다리고 편안한 아군으로 수고로운 적을 기다리고 배부른 아군으로 굶주린 적을 기다려야 하니 이는 힘을 다스리는 것이다.
  以近待遠하고 以佚待勞하고 以飽待饑하니 此는 治力者也니라

- 바르고 정돈된 적의 깃발을 맞아 싸우지 말고 당당한 적의 진영을 공격하지 말아야 하니, 이는 변화를 다스리는 것이다.
  無邀正正之旗하고 勿擊堂堂之陣이니 此는 治變者也니라

- 용병用兵하는 방법은 높은 언덕의 적은 향하지 말고, 언덕을 등진 적은 맞서 싸우지 말고, 거짓 패하여 달아나는 적은 추격하지 말고, 정예로운 적은 공격하지 말고, 미끼로 내놓은 적은 취하지 말고, 돌아가는 적은 막지 말고, 포위된 적은 반드시 한쪽

을 비워주고, 궁지에 빠진 적은 압박하지 말아야 하니, 이는 용병하는 방법이다.

用兵之法은 高陵勿向하고 背邱勿逆하고 佯北勿從하고 銳卒勿攻하고 餌兵勿食하고 歸師勿遏하고 圍師必闕하고 窮寇勿追니 此는 用兵之法也니라

제8편 아홉 가지 용병의 방법〔九變〕

• 비지圮地(허물어지는 땅)에서는 머물지 말고, 구지衢地(길거리가 되는 땅)에서는 외국과 외교를 하고, 절지絶地(끊어진 땅)에서는 머물지 말고, 위지圍地(포위될 땅)에서는 도모하고, 사지死地(죽을 땅)에서는 싸워야 한다.

圮地無舍하고 衢地合交하고 絶地無留하고 圍地則謀하고 死地則戰이니라

• 가지 않아야 할 도로가 있고, 공격해서는 안 되는 적의 군대가 있고, 공격하지 않아야 할 적의 성城이 있고, 다투지 않아야 할 적의 땅이 있고, 받아들이지 않아야 할 군주의 명령이 있는 것이다.

途有所不由하고 軍有所不擊하고 城有所不攻하고 地有所不爭하고 君命有所不受니라

• 지혜로운 자의 사려는 반드시 이로움과 해로움을 뒤섞어 생각하는 것이다. 해로운 것을 가지고 이로운 것과 뒤섞어서 생각하면 힘써야 할 바를 펼 수 있으며, 이로운 것을 가지고 해로운 것과 뒤섞어서 생각하면 환란을 풀 수 있다.

智者之慮는 必雜於利害니 雜於利而務可信也요 雜於害而患可解也니라

• 이웃의 제후를 굴복시키는 것은 적의 해로움으로써 하고, 이웃의 제후를 사역시키는 것은 부강한 기업基業으로써 하고, 이웃의 제후들을 달려오게 하는 것은 이익으로써 하는 것이다.

屈諸侯者는 以害요 役諸侯者는 以業이요 趨諸侯者는 以利니라

• 용병하는 방법은 적이 쳐들어오지 않음을 믿지 말고 우리가 대비함이 있음을 믿어야 하며, 적이 공격하지 않음을 믿지 말고 적이 우리를 공격할 수 없는 대비가 있음을 믿어야 하는 것이다.

用兵之法은 無恃其不來요 恃吾有以待之하며 無恃其不攻이요 恃吾有所不可攻也니라

제9편 군대의 출동과 주둔〔行軍〕

• 군대가 아무런 질병이 없으면 이것을 필승必勝이라 하는 것이다.

軍無百疾이면 是謂必勝이라

• 〈적의 사자使者(사신)가 왔을 적에〉 말이 겸손하면서 더욱 대비하는 것은 진격하기 위한 것이요, 사자의 말이 완강하면서 군대가 급히 전진하는 것은 후퇴하기 위한 것이요, 적이 경무장한 전차戰車로 먼저 출동하여 옆에 주둔하는 것은 진陣을 치기 위한 것이요, 적이 약속이 없으면서 화친을 청하는 것은 계략이요,

적이 분주히 병사兵士와 전차戰車들을 진열하는 것은 표表를 세우고 달려가는 것이요, 적이 반쯤 전진하고 반쯤 후퇴하는 것은 유인하는 것이요, 적이 병장기에 기대 있는 것은 굶주리기 때문이요, 적이 물을 길어 먼저 마시는 것은 목마르기 때문이요, 적이 이로움을 보고도 진격하지 않는 것은 수고롭기 때문이다.

辭卑而益備者는 進也요 辭强而進驅者는 退也요 輕車先出하여 居其側者는 陣也요 無約而請和者는 謀也요 奔走而陳兵車者는 期也요 半進半退者는 誘也요 仗而立者는 饑也요 汲而先飮者는 渴也요 見利而不進者는 勞也라

• 적장이 자주 상賞을 내리는 것은 군색한 것이요, 적장이 자주 벌罰을 내리는 것은 곤궁한 것이다.

數(삭)賞者는 窘也요 數罰者는 困也니라

• 군대는 병력이 더 많은 것을 귀하게 여기지 않고, 무용武勇만으로 경솔하게 진격하지 말고 충분히 힘을 길러서 적의 허실을 헤아려 적에게서 승리를 쟁취할 뿐이다.

兵은 非貴益多요 惟無武進하고 足以倂力하여 料敵取人而已라

• 깊은 생각이 없이 적을 깔보는 자(장수)는 반드시 적에게 사로잡힌다.

夫惟無慮而易敵者는 必擒於人이니라

• 병사들이 친애하고 따르지 않는데 벌을 주면 복종하지 않으니

복종하지 않으면 쓰기 어렵고, 병사들이 이미 친근하게 따르는데 형벌을 제대로 시행하지 못하면 병사들을 쓸 수 없는 것이다.

卒未親附而罰之면 則不服이니 不服則難用이요 卒已親附而罰不行이면 則不可用也니라

• 문교文教로 명령하고 무벌武罰(무력으로 벌을 줌)로 통일시키면, 이것을 일러 반드시 승리를 쟁취한다고 하는 것이다.

令之以文하고 齊之以武면 是謂必取라

• 명령이 평소 행해져서 백성(병사)들을 가르치면 백성들이 복종하고, 명령이 평소 행해지지 못하고서 백성들을 가르치면 백성들이 복종하지 않으니, 명령이 평소 행해지는 자(장수)는 병사들과 서로 마음이 맞는 것이다.

令素行하여 以教其民이면 則民服이요 令不素行하고 以教其民이면 則民不服이니 令素行者는 與衆相得也니라

제10편 지형地形의 활용〔地形〕

• 장수가 전진할 적에는 명예를 구하지 않고 후퇴할 적에는 죄를 피하지 않으며, 오직 백성을 보호하고 군주를 이롭게 하면 이것이 나라의 보배인 것이다.

進不求名하고 退不避罪하며 惟民是保而利於主면 國之寶也니라

• 사랑하여도 제대로 명령하지 못하고 친후親厚하여도 제대로 부리지 못하고 혼란하여도 제대로 다스리지 못하면, 비유하건대 교만한 자식과 같아서 쓸 수 없는 것이다.

愛而不能令하고 厚而不能使하고 亂而不能治하면 譬如驕子하여 不可用也니라

제11편 아홉 가지 지세地勢〔九地〕

• 먼저 적이 아끼는 곳을 빼앗으면 〈우리의 진퇴를〉 적이 따를 것이다.

先奪其所愛면 則聽矣리라

• 군대의 실정은 신속함을 위주로 하니, 〈신속히 하면〉 적이 미처 대비하지 못한 틈을 타고 적이 예상하지 않은 길을 경유하여, 적이 경계(수비)하지 않는 곳을 공격하게 된다.

兵之情은 主速하니 乘人之不及하고 由不虞之道하여 攻其所不戒也니라

• 객(상대방 지역으로 공격하는 자)이 되어 전투하는 방도는 깊이 쳐들어가면 병사들의 마음이 전일해지니, 주인이 된 자(자기 지역에 주둔한 자)는 이기지 못한다.

爲客之道는 深入則專이니 主人不克이라

• 도망할 곳이 없는 곳으로 병력을 투입하면 병사들이 죽어도 패주하지 않으니, 죽을 각오로 싸운다면 병사들이 힘을 다하지 않

을 수 있겠는가.

投之無所往이면 死且不北니 死焉이면 不得士人盡力이리오

- 요상함을 금지하고 의심스러운 계책을 제거하면, 병사들이 죽음에 이르러도 딴 생각이 없게 된다.

禁祥去疑하면 至死無所之니라

- 삼군三軍의 무리를 범하되 한 사람을 부리듯이 하여야 한다.

犯三軍之衆을 若使一人이니라

- 가지런함과 용맹함을 하나로 하는 것이 군정軍政의 도道이다.

齊勇若一이 政之道也라

- 장군將軍의 일은 고요하고 그윽하며 공정하고 다스려져야 한다.

將軍之事는 靜以幽하고 正以治니라

- 군대의 정상情狀이, 포위되면 적을 막고, 부득이하면 싸우고, 위험이 심하면 장수의 계책을 따르는 것이다.

兵之情이 圍則禦하고 不得已則鬪하고 過則從이니라

- 병사들을 망할 땅에 투입한 뒤에야 생존하고, 죽을 땅에 빠뜨린 뒤에야 살아난다.

投之亡地然後에 存하고 陷之死地然後에 生이니라

• 법도法度를 실천하고 적을 따라 전투하는 일을 결정하여야 한다.

踐墨隨敵하여 以決戰事니라

• 처음엔 처녀와 같이 행동하여, 적들이 문을 열어놓거든 뒤에는 그물을 빠져나가는 토끼와 같이 하여 적이 미처 막지 못하게 하여야 한다.

始如處女하여 敵人開戶어든 後如脫兎하여 敵不及拒니라

제12편 화공법火攻法〔火攻〕

• 싸워서 승리하고 공격하여 점령하면서도 공이 있는 자에게 상賞을 주지 않는 것은 흉하니, 이것을 이름하여 비류費留(비용을 아끼려 포상褒賞하지 않음)라 한다.

夫戰勝攻取而不修其功者는 凶이니 命曰費留니라

• 현명한 군주는 깊이 사려하고, 훌륭한 장수는 닦고 거행한다.

明主慮之하고 良將修之라

• 이로운 경우가 아니면 거동하지 말고, 승리를 얻을 수 있는 경우가 아니면 용병用兵하지 말고, 위태로운 경우가 아니면 싸우지 말아야 한다.

非利不動이요 非得不用이요 非危不戰이니라

- 군주君主는 노여움 때문에 군대를 일으켜서는 안 되고, 장수將帥는 서운함 때문에 싸워서는 안 된다.

  主不可以怒而興師요 將不可以慍而致戰이니라

- 이익에 부합하면 출동하고, 이익에 부합하지 않으면 중지하여야 한다.

  合於利而動하고 不合於利而止니라

- 노여움은 다시 기뻐할 수 있고 서운함은 다시 기쁠 수 있으나, 망한 나라는 다시 보존할 수 없고 죽은 병사들은 다시 살릴 수 없는 것이다.

  怒可以復喜요 慍可以復悅이나 亡國은 不可以復存이요 死者는 不可以復生이니라

- "현명한 군주君主는 삼가고 어진 장수將帥는 경계한다." 하였으니, 이는 나라를 편안히 하고 군대를 온전히 하는 방도이다.

  明主愼之하고 良將警之라하니 此는 安國全軍之道也니라

제13편 간첩의 활용〔用間〕

- 서로 몇 년 동안 대치하여 하루의 승리를 다투면서 관작官爵과 녹봉祿俸과 백금百金을 아껴서 적의 실정을 알지 못하는 것은 인자하지 못함이 지극한 것이니, 백성의 장수가 아니요 군주의 보

좌가 아니요 승리를 쟁취하는 주체가 아닌 것이다.

相守數年하여 以爭一日之勝호되 而愛爵祿百金하여 不知敵之情者는 不仁之至也니 非人之將也요 非主之佐也요 非勝之主也니라

• 명철한 군주와 어진 장수가 출동하여 적을 이겨서 성공함이 보통 사람보다 뛰어난 이유는 먼저 적의 실정을 알기 때문이다.

明君賢將이 所以動而勝人하여 成功出於衆者는 先知也니라

• 먼저 적정敵情의 허실虛實을 아는 것은 귀신에게 취할 수 없고 일의 유사한 것에서 형상할 수가 없고 도수度數에 징험할 수 없으니, 반드시 사람(첩자)에게서 취하여 적의 실정을 아는 것이다.

先知者는 不可取於鬼神이요 不可象於事요 不可驗於度니 必取於人하여 而知敵之情也니라

전통문화연구회 도서목록

범례 : 毛詩正義 1~8 〔全15〕 - 전체 15책 계획, 현재 1~8책만 간행된 경우.
별도 표시 없는 경우는 완간.

新編 基礎漢文敎材

新編 四字小學·推句	고전교육연구실 編譯	11,000원
新編 啓蒙篇·童蒙先習	고전교육연구실 編譯	11,000원
新編 明心寶鑑	李祉坤·元周用 譯註	15,000원
新編 擊蒙要訣	咸賢贊 譯註	12,000원
新編 註解千字文	李忠九 譯註	12,000원
新編 原文으로 읽는 故事成語	元周用 編譯	15,000원
新編 唐音註解選	權卿相 譯註	22,000원

漢文讀解捷徑시리즈

(개정판) 漢文독해기본패턴	고전교육연구실 著	20,000원
논어독해 첫걸음	고전교육연구실 著	17,000원
맹자독해 첫걸음		근간
한문독해첩경 - 文學篇	朴相水·李和春 외 著	17,000원
한문독해첩경 - 史學篇	朴相水·李和春 외 著	17,000원
한문독해첩경 - 哲學篇	朴相水·李和春 외 著	17,000원

五書五經讀本

論語集註 上·下	鄭太鉉 譯註	合 49,000원
孟子集註 上·下	田炳秀 外 譯註	合 60,000원
大學·中庸集註	李光虎 外 譯註	15,000원
小學集註 上·下	李忠九 外 譯註	合 50,000원
詩經集傳 上·中·下	朴小東 譯註	合 90,000원
書經集傳 上·中·下	金東柱 譯註	合 90,000원
周易傳義 元·亨·利·貞	崔英辰 外 譯註	合 120,000원
詳說 古文眞寶大全後集 上·下	李相夏 外 譯註	合 64,000원
春秋左氏傳 上·中·下	許鎬九 外 譯註	合 109,000원
禮記 上·中·下	成百曉 外 譯註	合 90,000원

東洋古典國譯叢書

大學·中庸集註 - 개정증보판	成百曉 譯註	12,000원
論語集註 - 개정증보판	成百曉 譯註	30,000원
孟子集註 - 개정증보판	成百曉 譯註	30,000원
詩經集傳 上·下	成百曉 譯註	合 70,000원
書經集傳 上·下	成百曉 譯註	合 66,000원
周易傳義 上·下	成百曉 譯註	合 80,000원
小學集註	成百曉 譯註	30,000원
古文眞寶 後集	成百曉 譯註	32,000원

東洋古典譯註叢書

〈經部〉

〔十三經注疏〕

周易正義 1~4	成百曉 外 譯註	合 147,000원
尙書正義 1~7	金東柱 譯註	合 241,000원
毛詩正義 1~8 〔全15〕	朴小東 外 譯註	合 288,000원
禮記正義 1~3, 中庸·大學	李光虎 外 譯註	合 117,000원
論語注疏 1~3	鄭太鉉 外 譯註	合 117,000원
孟子注疏 1~4 〔全5〕	崔彩基 外 譯註	合 124,000원
孝經注疏	鄭太鉉 外 譯註	35,000원
周禮注疏 1~4 〔全15〕	金容天 外 譯註	合 129,000원
春秋左傳正義 1~2 〔全18〕	許鎬九 外 譯註	合 59,000원
春秋公羊傳注疏 1 〔全7〕	宋基采 外 譯註	合 37,000원

春秋左氏傳 1~8	鄭太鉉 譯註	合 255,000원
禮記集說大全 1~6 〔全10〕	辛承云 外 譯註	合 206,000원
東萊博議 1~5	鄭太鉉 外 譯註	合 172,000원
韓詩外傳 1~2	許敬震 外 譯註	合 65,000원
說文解字注 1~5 〔全20〕	李忠九 外 譯註	合 172,000원

〈史部〉

思政殿訓義 資治通鑑綱目 1~23 〔全39〕	辛承云 外 譯註	合 710,000원
通鑑節要 1~9	成百曉 譯註	合 316,000원
唐陸宣公奏議 1~2	沈慶昊 外 譯註	合 88,000원
貞觀政要集論 1~4	李忠九 外 譯註	合 109,000원
列女傳補注 1~2	崔秉準 外 譯註	合 68,000원
歷代君鑑 1~4	洪起殷 外 譯註	合 140,000원

〈子部〉

孔子家語 1~2	許敬震 外 譯註	合 79,000원
管子 1~4 〔全5〕	李錫明 外 譯註	合 130,000원
近思錄集解 1~3	成百曉 譯註	合 106,000원
老子道德經注	金是天 譯註	30,000원
大學衍義 1~5 〔全7〕	辛承云 外 譯註	合 148,000원
墨子閒詁 1~7	李相夏 外 譯註	合 267,000원
說苑 1~2	許鎬九 譯註	合 50,000원
世說新語補 1~5	金鑛玉 外 譯註	合 181,000원
荀子集解 1~7	宋基采 譯註	合 238,000원
心經附註	成百曉 譯註	38,000원
顔氏家訓 1~2	鄭在書 外 譯註	合 59,000원
揚子法言 1 〔全2〕	朴勝珠 譯註	24,000원